广告创意思维训练

胡　瑾　李新颖　主编

知识产权出版社
全国百佳图书出版单位

内容提要

本书以广告创意为核心，通过大量实案及分析，拟出了系列易学易练的广告创意训练方法，既有创意思维相关理念的介绍，也有案例分析和练习，希望能给文化创意领域尤其是广告创意带来更多启迪和思考。

责任编辑：于晓菲　　　　责任出版：刘译文

图书在版编目（CIP）数据

广告创意思维训练/胡瑾，李新颖主编．—北京：知识产权出版社，2013.6
ISBN 978-7-5130-2064-0

Ⅰ.①广… Ⅱ.①胡…②李… Ⅲ.①广告学—高等学校—教材
Ⅳ.①F713.80

中国版本图书馆 CIP 数据核字（2013）第 100494 号

广告创意思维训练

胡　瑾　李新颖　主编

出版发行：	知识产权出版社		
社　　址：	北京市海淀区马甸南村 1 号	邮　　编：	100088
网　　址：	http://www.ipph.cn	邮　　箱：	rqyuxiaofei@163.com
发行电话：	010-82000893 转 8101	传　　真：	010-82005070/82000893
责编电话：	010-82000860 转 8363	责编邮箱：	yuxiaofei@cnipr.com
印　　刷：	北京中献拓方科技发展有限公司	经　　销：	新华书店及相关销售网点
开　　本：	720mm×960mm　1/16	印　　张：	12
版　　次：	2013 年 7 月第 1 版	印　　次：	2013 年 7 月第 1 次印刷
字　　数：	166 千字	定　　价：	38.00 元

ISBN 978-7-5130-2064-0

出版权专有　侵权必究

如有印装质量问题，本社负责调换。

目 录

第一讲　绪论 …………………………………………………… 1
第二讲　人脑机能与创造学理论——找寻思维的来源 ………… 18
第三讲　广告创意观——向大师学习 …………………………… 32
第四讲　广告创意的原则和禁忌——对创意的评判 …………… 53
第五讲　广告创意的类型和方法——创意三十六计 …………… 65
第六讲　视觉化的创意工具——思维导图 ……………………… 82
第七讲　集体创意的工具——头脑风暴 ………………………… 101
训练一　临摹创意——找到创意思维的轨迹 …………………… 119
训练二　逆向思维——推倒重来的思维方式 …………………… 130
训练三　加法思维——1＋1＞2 ………………………………… 144
训练四　联想和想象——最常用的创意思维 …………………… 153
训练五　发散思维——最富挑战性的思维方式 ………………… 166
训练六　创意中的逻辑——戴着枷锁跳舞 ……………………… 176

处处是创造之地，天天是创造之时，人人是创造之人。

——陶行知

第一讲　绪　论

【课前思考】

- 我们为什么需要创意？
- 每个人都有创意吗？
- 创意有没有规律可循？

图中是 PSP 游戏机的系列广告之一，广告中每个人的大脑都像是出自模型一般。这个寓言式的画面，让我们不禁产生思考：创意是如何产生的？我们所要的广告创意又是什么？

图：索尼 PSP 广告

课堂游戏一：如何找到迷宫的出口？[1]

如何找到迷宫的出口？请你在图中画出，并在空白处写出你的心得。

【提示：游戏的目的不是为找到常规的出口，而是打破约定俗成的"规矩"，发现我们为自己预设的思维障碍。尝试下从纸面下穿过迷宫的感

---

[1] 黄文博. 关于创意，我有意见 [M]. 北京：企业管理出版社，2002.

受，你会发现，很多问题从来都不是只有唯一答案。】

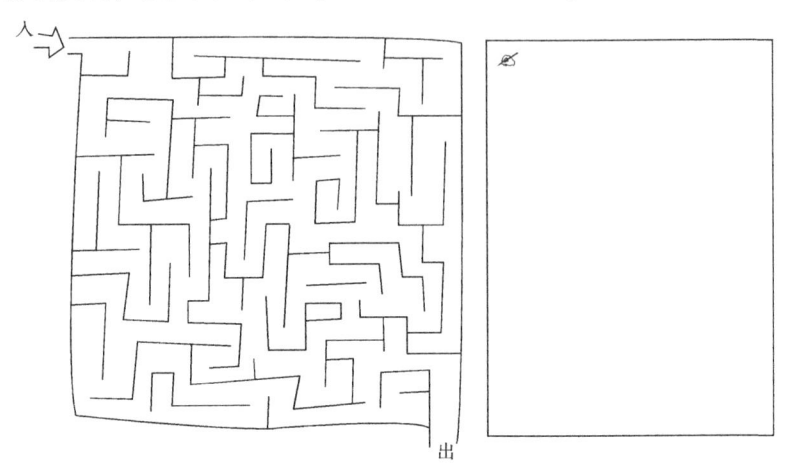

图　游戏：迷宫找出口

课堂游戏二：团结力量大

【提示：请组成临时的小组，每组可领到少量旧扑克牌、透明胶带、纸杯等杂物，在指定时间用这些杂物搭成模型。同样时间内所搭模型最高者胜出。本游戏主要通过小组分工，锻炼团结协作意识，为后期团队作业打基础。】

☞我的心得：_____

_____

二、本课程的要求和说明

1. 本课程以理论结合训练的形式，两者比重各占一半。理论课程重在相关理论的阐释，训练课程重在创意技法的训练。

2. 课程练习环节多采取分组的形式，每个团队都有自己的名字、标志、理念、成员分工，组员也可根据各自的兴趣和特长兼任不同角色。每组建议人数三至五人。

3. 本课程的目的：有意识地培养适合自己的积极的创造性思维习惯。

4. 对大家的学习期望：大胆，自由，协作，积累。

5. 请写下自己对课程学习的期望：_____

三、有关创意思维

1. 什么是创意

汉语中的"创意"一词最早见于东汉王充的《论衡》一书，形容得出新的见解❶。一般认为这个词汇源于西方，英文有三个意思类似的单词，即 creative（或 creation）、concept，以及 idea，泛指"具有创造性的意念"。也有人认为，创意一词是由港台地区渐渐流入内地的。在广告行业中，这个词汇也常常用"点子"、"主意"等词替代，指具有创造性的想法。

广告创意是"脑"和"手"的配合，"脑"即是创意性的思维活动，是创意的工具；"手"即是创意的表现及执行，二者缺一不可。需要强调的是，创意表现和执行，不仅体现在广告设计等视觉表现和整合营销传播的环境之中，还体现在围绕消费者的全方位体验上。因此，对策略的综合把握、各种传播手段的创造性运用更为关键。比尔·盖茨曾说，"创意，犹如原子裂变一样，只需一盎司，就会带来无以计数的商业效益"。

2. 什么是广告创意

有关广告创意的概念，迄今为止并无权威定义，而常见的往往可以归结为以下几种类型：

- 创意其实就是旧元素的一种新组合。

这是美国广告大师詹姆士·韦伯·扬（James Webb Young）❷ 在 1960

---

❶ 王充《论衡》：孔子得《史记》以作《春秋》，及其立义创意，褒贬赏诛，不复因《史记》者，眇思自出于胸中也。

❷ 詹姆士·韦伯·扬（James Webb Young，1886—1973）：美国著名广告大师，曾任智威汤逊广告公司（JWT）总监。

年出版的著作《产生创意的技巧》❶ 中首次提出,也是迄今为止最常被引用的有关创意的概念。在该书中,他认为产生创意有两个一般性原则,第一个原则就是"创意是旧元素的新组合";第二个原则是,对于"旧元素,新组合"的能力,取决于洞悉其间关联性的功力。李奥·贝纳就曾在他总结的88条"创意圣经"中表述:"广告中原创的诀窍,不在创造新奇花哨的图片和文字,而是将它们进行组合,产生全新的趣味。"

这些广为传播的对于创意的描述巧妙而精辟,都将创意视为一种创新活动,创新的方式则是进行重组。

图　詹姆士·韦伯·扬	图　《产生创意的技巧》
James Webb Young	A Technique for Producing Ideas

- 广告创意是创造性的思维活动。

所谓广告创意就是广告人对广告创作对象所进行的创造性的思维活动,是通过想象、组合和创造,对广告主题、内容和表现形式所进行的观念性的新颖性文化构思,创造新的意念或系统,使广告对象的潜在现实属性升华为社会公众所能感受到的具象。

---

❶ 本书英文名为 A Technique for Producing Ideas,1960年出版,国内有多个不同的翻译版本,如《产生创意的妙招》、《詹姆士·韦伯·扬的创意妙招》、《创意》等。

再如将创意定义为：创意是思想、点子、立意、想象力等新的思维成果，是创造新事物或新形象的思维方式，就其本质来说是一种辩证思维能力。❶

Idea = Person（Knowledge + Information），即：创意 = 人（知识 + 信息），也是角度类似的表述，即创意者将一般资料与特殊信息融汇在一起，进行系统分析和研究，就可以产生创意。❷

与其他角度不同的是，这一类对创意的归纳是从思维角度出发，阐明了创意的心理学实质。

- 创意是创造不同。

中国传媒大学教授丁俊杰老师提出"创意 = 创异 + 创益"❸，这个简洁的公式表达了两方面的含义：一方面，创意需要标新立异，这是消费者对广告求新求变的潜在心理需求；另一方面，这种"不同"不是结果而是手段，其功能和目的是为广告主创造出更多商业价值。

对"创意"近似的表述，如台湾智得沟通公司的总经理、资深广告人张百清曾提出创意的"五个因子"，即效益、差异、主意、艺术、记忆，"创益"是指广告提供给消费者的"利益点"；"创异"是广告表现要体现差异化竞争；"创议"是力争使广告活动成为舆论的焦点；"创艺"就是广告表现手法的艺术化；"创忆"则是使广告活动能够持续在消费者中产生影响。五个同音不同义的汉字"Yi"生动地表现出创意的标准和目的。

已故台湾"广告教父"孙大伟在为乔治·路易斯的著作《蔚蓝诡计》中文版所作序言中称，"创意的本质就是改变；威力更大的，就是颠覆。"在这个表述中，强调的是创意从量变到质变的变化过程。

- 创意就是权力。

这个观念源于叶茂中在 2003 年出版的《创意就是权力——迅速提升品牌与销量的叶茂中经验》一书。此书以案例贯穿，其实这种权力可以看

---

❶ 陈初友，王国英. TOP 创意学经典教程［M］. 北京：北京出版社，1998.
❷ 陈勤. 媒体创意与策划［M］. 北京：中国传媒大学出版社，2009.
❸ 丁俊杰. 现代广告通论［M］. 北京：中国物价出版社.

成是因创意引起的关注,从而影响到话语权,这也就是书中提及的"权力",这个概念表述的是创意的结果——影响力。

以上从不同角度分析广告创意的实质,涉及的环节不仅限于广告表现,还包括广告战略战术的选择,甚至媒体表现,狭义的广告创意则指广告流程中的广告创意环节,包括广告文案和视觉表现。

创意是什么?

☞我对创意的理解是:＿＿＿＿＿＿＿＿＿＿＿＿＿＿＿＿＿＿＿

＿＿＿＿＿＿＿＿＿＿＿＿＿＿＿＿＿＿＿＿＿＿＿＿＿＿＿＿＿＿＿

＿＿＿＿＿＿＿＿＿＿＿＿＿＿＿＿＿＿＿＿＿＿＿＿＿＿＿＿＿＿＿

＿＿＿＿＿＿＿＿＿＿＿＿＿＿＿＿＿＿＿＿＿＿＿＿＿＿＿＿＿＿＿

3. 什么是创意思维

思维是人脑经过长期进化而形成的一种特有机能,从心理学和哲学角度一般将思维定义为"人脑对客观事物的本质属性和事物之间内在联系的规律性所作出的概括与间接的反映"。

创意思维是,依靠大量的经验和知识积累,同时也依赖灵感激发,正如露出海面的冰山一样,因此我们的练习,不能仅从露出海面的部分,就事论事。

图 思维与潜意识

4. 广告创意和其他课程的关系

- 心理学:按照我国学科分类目录,心理学包括认知心理学、实验心理学、发展心理学、应用心理学等,是创意思维的基础。

相关研究包括:思维产生的规律,脑科学中有关记忆、联想、思考的原理、规律。

- 创造学:是哲学、心理学、教育学的交叉学科。

相关研究包括:各种促进大脑思考,快速、有效产生新创意的方法、工具。

- 教育学：按照学科目录，教育学属于一级学科。

相关研究包括：对受教育者进行教育、培训，以掌握创意的方法、工具。

- 传播学：按照学科目录，传播学属于新闻与传播学下。

相关研究包括：从创造性思维到广告创意表现，需要了解与之沟通的传播对象和所处的环境，传媒对受众信息接收的影响等。

- 市场营销学、广告学：市场营销属于管理学，广告学属于传播学。

如何将这些工具更有效地作用于消费者？可参考哪些经验？如何评估创意？

- 设计艺术学：属于艺术学的二级学科。

广告设计属于商业设计，广告表现如何符合大众审美情趣和接受能力，以传达广告主意图。

四、产生创意的过程

我们早就养着一台电脑，
在创意过程中，我们的脑子确实像一台神秘的电脑。
这台电脑平时自动搜集并且在内存某处储存这类档案。
这些档案就是创意的原始材料；
而在灵感产生创意的那一刹那，
这台电脑有一种机制，
知道该从哪里调出档案，
然后将这些不同的档案组合在一起，形成创意构想。

——摘自台湾舞台剧导演 赖声川《赖声川的创意学》

我通过钻研得到这样一条结论：创意的生产过程和福特汽车的生产过程颇为相似；创意的生产也是在一个流水线上进行的；在这一生产过程

中，思维依照一个可以被学习与掌握的操作技巧；它的有效应用与其他任何工具的有效应用一样，只不过是件技巧训练的事情。

——摘自詹姆士·韦伯·扬《产生创意的技巧》（A Technique for Producing Ideas）

我们的灵感是如何产生的？那些成功广告人对创意过程的理解和经验我们可以借鉴吗？

广告业离不开创造性思维，正因为如此，对创意过程的探究成为广告业界和学界都热衷于探究的问题。在心理学、教育学、创造学的研究中，在此领域也有大量探索。

1. 詹姆士·韦伯·扬的"五阶段论"

关于创意过程的种种观点，最为知名的还是广告大师詹姆斯·韦伯·扬在《产生创意的技巧》一书中，曾将创意的产生过程比喻成水手不期而遇的"魔岛"——

我认为，创意应该具有类似冒险故事里的神秘特性，就像在南海上骤然出现的魔鬼一般。

根据从前的水手们所说：在航海图上标示为深蓝色水域的地方，美丽的环礁骤然浮现，四处弥漫着奇幻般的氛围。

我想，创意出现的情况就跟它相同吧！他们带着相同的神奇且不可破解的气氛，突然浮现在思绪中。

但科学家们知道，南海环礁是在海面下的数不清且看不见的珊瑚产物。

我问自己："创意是不是也像这样？是经过长时间沉潜在意识下的思考所酝酿的结果？"

"果真这样，这个过程是否可以被辨识出来，以便未来可以遵循利用？也就是说，是不是有一个配方或技术可以解答'你如何得到创意？'这个问题？"

我现在向你提出的看法是经过我长期的思考，并且密切观察结交的创意人士所获得的结果。

第一讲 绪论

这段话得出了以下的结论：创意发现的过程就与福特在装配线上生产汽车一样；也就是说，创意发现的过程中，心智是遵循着一种可学习、可控制的操作技巧运作，这些技巧经过熟练的操作后，就跟你使用其他任何工具一样。

如果你问我：为什么愿意将这么宝贵的配方公布给大众？我可以告诉你，这个经验教会了我两件事：

第一，这个配方讲起来是如此简单，但听到的人不见的相信它有效；

第二，虽然它讲起来如此简单，但也是需要肠枯思竭，耗尽智能地来实行，并不是你接受它就能运用它。

所以我一点儿也不害怕会因为推广宣传本配方，而被人抢去了赖以生存的饭碗。

书中，他根据自身工作体验，将创意产生过程概括为以下五个阶段：

第一，收集原始资料——一方面是你眼前问题所需的资料，另外则是从平时你不断所累积储藏的一般知识资料。

第二，消化资料——用你的心智去消化整合这些资料。

第三，孵卵阶段——这是加以深思熟虑的阶段，你让许多重要事物在有意识的心智之外去做综合的工作，将一些东西丢入潜意识中进行合成工作。

第四，创意出生阶段——可以高呼"我找到了！"的阶段。

第五，整修及改进——形成并发展此创意，使创意可以被有效地运用。

这个过程也常常被概括为：

收集资料 ▶ 消化 ▶ 酝酿 ▶ 灵感 ▶ 提炼

图　詹姆士·韦伯·扬的创意五阶段

收集资料包括一般性资料和专业资料，这个过程犹如运动员的平时训练，注重积累。除了韦伯·扬，其他广告大师如奥美广告创始人大卫·奥格威、李奥·贝纳广告公司的创始人李奥·贝纳都有类似的收集资料的习惯，并都将此作为经验之谈传诸于世。多数大中型广告公司也设有专人甚至专门的信息部门，进行资料收集、整理、分析研究工作。韦伯·扬的具体方法是，制作白色卡片或者剪贴簿、档案夹等，并将资料分门别类地进行记录整理，经过一段时间的积累就能组成一个资料盒。

消化阶段是针对出现的问题，将各种信息合成为自身的养分，这个阶段会产生无数创意的碎片，为最终的创意成果打下基础。

孵化酝酿阶段是最受考验的阶段，中国古代文人诗词创作中，常有这样的状态，唐代诗人卢延让曾说："吟安一个字，捻断数茎须。"苦吟派诗人贾岛介绍自己写诗的体验"两句三年得，一吟泪双流。"我国宋代欧阳修著述丰富，他介绍平生文章多在"马上、枕上、厕上"完成❶，有趣的是，日本学者对创意产生的地点也做过专门研究。这个过程因人而异，有人喜欢独立思考，有人喜欢群体讨论，有人喜欢安静，有人喜欢嘈杂。重要的不是别人的经验，而是找到适合自己思考的环境。

列宾说过："灵感不过是顽强劳动所获得的奖赏。"创意产生阶段是最激动人心的阶段，经过漫长的准备和酝酿，创意终于水到渠成地产生了。

整修和改进是最后对创意的细节进行推敲、取舍的收尾工作，至此，一个完整的创意过程就此诞生。

与韦伯·扬有类似观点的还包括1926年美国心理学家G. 沃勒斯（G·Wallas）提出的创意四阶段论，不同的是，他是根据心理学研究，总结得出的这些结论：

准备阶段 ▶ 孕育阶段 ▶ 豁朗阶段 ▶ 验证阶段

图　沃勒斯的创意四阶段

日本学者江川朗把创意过程分为四个阶段15个步骤❷：

---

❶ 欧阳修《归田录：二》："余平生所作文章，多在三上，乃马上、枕上、厕上也。盖惟此，尤可以属思尔。"

❷ 叶万春，叶敏. 营销策划 [M]. 北京：清华大学出版社，2005.

第一阶段	第二阶段	第三阶段	第四阶段
1.发现创意对象 2.选出创意对象 3.明确认识创意对象 4.调查掌握创意对象	5.描绘创意的轮廓 6.设立创意的目标 7.探求创意的出发点 8.酝酿创意，产生构想	9.整理创意方案 10.预测结果 11.选出创意方案	12.准备创意提案 13.提案 14.付诸实施 15.总结

图　江川朗的创意四阶段

与此类似，台湾学者郭泰把创意过程分为六个步骤：

（1）界定问题：将问题弄明白，并界定清楚，使问题突出显露于众；

（2）搜集资料：从书刊、政府文件、企业档案、财务报表中获取信息，形成创意的基础；

（3）市场调查：明确目的、对象、方法、工作程序；

（4）资料整理：将资料分析、加工，转换为情报；

（5）产生创意：在对各种资料分析的基础上，触发灵感、深入思索，形成符合实际的创意；

（6）实施与检验：实施创意方案，并对创意结果进行评价。

其他欧美研究者，有的将创意阶段分为三个阶段，有的分为五个、七个阶段，可以说是异曲同工，都是将创意的产生作为循序渐进、厚积薄发的过程。

2. 奥斯本的"三阶段论"

阿莱克斯·奥斯本被誉为创造学和创造工程之父，他也是美国 BBDO 广告公司的创始人之一，还是头脑风暴法的发明者。他将创意过程简单概括为寻找事实——寻找构思——寻找答案这三个阶段。

寻找事实 → 寻找构思 → 寻找答案

图　奥斯本的创意三阶段

图　阿莱克斯·奥斯本

这样的过程也符合我们一般论证问题的思路，即发现问题、分析问题和解决问题，可见，创意的产生过程也是逐步解决问题的过程。

11

3. 创意金字塔与广告行业创意流程

所谓"创意金字塔",是一种创意模式,根据不同的产品种类和背景,帮助创意小组将广告战略与广告创意转换成实际而具体的广告。

广告业一般将广告创意按工作流程分为:创意构思、创意表现和创意评估三个阶段:

创意构思阶段,有时会与广告策划同时进行;

创意表现阶段,又称为"广告执行";

创意评估阶段,从广告效果的角度评估广告创意。

4. MBA 的团队方法

上述从行业经验或者从心理学角度分析创意思维过程,MBA 从实践角度,不是将关注的焦点集中于创意思维过程本身,而是从创意流程,提供了可操作的团队合作、结合案例的方式,将创意过程分为七个步骤:[1]

第一步:成立小组（Team formation）:每组由 3~5 名 MBA 学生组成。

第二步:提出挑战（Challenge sent）:每组接受一个精心设置的挑战计划。

第三步:召集会议（Conference call）:与参与公司的主管人员就问题进行小组讨论。

第四步:头脑风暴（Brainstorming）:小组有九天时间草拟出解决问题的方案。

第五步:提交创意（Idea submitted）:评委们通过互联网验收小组方案。

第六步:最终评选（Final round）:参赛选手最终在学院会议上陈述商业方案。

第七步:取得成功（Winner named）:小组获得 2 万美元奖励,公司有权实施方案。

---

[1] Seven Steps to Your Next Big Idea ［EB/OL］. CNNMoney.com, 2007-12-22.

第一讲　绪论

　　上述创意产生过程，提供了三种可以深入的方式：来自一线的经验总结、来自学术研究、来自行业培训教育。对于广告专业的同学而言，也可以通过课堂学习和借鉴，这也是本学期课程的重要学习方式。

　　从上述不同角度、不同领域的创意思维产生过程我们不难看出，创意并不是一蹴而就的工作，正如常言所说"台上一分钟，台下十年功"，呈现在我们面前的广告活动，凝结了广告人的多年的积累和思考。

五、广告公司对创意的评估方式

　　对创意的评估，涉及对社会、行业、消费者群体、广告主和所在广告

13

代理公司的综合考量。例如：一般广告创意奖项以专家评选为主，也有消费者投票评选（如海选），而广告公司对创意的评估和选择既来自主管人员（如创意总监，公司领导），也来自所服务的客户人员。一般有如下方式，具体选择何种方式，还取决于公司的企业文化、项目要求等具体情形。

1. 民主评选：所有与会者将他们认可的最佳方案进行评分，分数最高的入选；

2. 客户要求：以客户提供的情况介绍为最主要的评分标准；

3. 创意总监或公司领导的决定：以企业文化为重，由公司创意总监和艺术总监定夺。

就广告公司而言，在实际的操作执行中，往往是广告公司内部衡量、主创人员与客户沟通、客户直接评估（比如比稿）等方式兼有。

六、帮助更多创意的非专业练习

除了一些创造学学者、教育专家、大脑科学家的建议及广告专业训练外，平时也可以有一些练习，比如台湾广告人黄文博在《关于创意，我有意见》中就曾提出一些方法保持我们的创造力：

创建私人日记；创建一个相册；抬头看看云朵；搭积木；园艺；重新装饰一个房间；读一本儿童读物；用橡皮泥或黏土捏一些东西；写诗……

在同一本书中，黄文博还把将其总结为七种方法：

第一法：多看童话、童诗，多听童言童语；

第二法：多看科幻故事；

第三法：多看漫画和笑话；

第四法：多做头脑急转弯；

第五法：找非我族类的人聊天；

第六法：不要轻易否定；

第七法：故意连接不相关的事物。

就创意工作的性质而言，创意人的工作并不轻松，要保持创造力，并不是纸上谈兵那么简单轻松，需要常年的积累。但对于热爱这个行业、喜欢新鲜与冒险的人而言，广告创意是一个充满挑战、有成就感的行业。

七、作业

1. 作业要求：请找出一本你认为最有创意的书、动漫作品、剧本（除广告外，各类均可）推荐给大家，并做千字文点评。

2. 个人推荐：童话《艾丽斯漫游奇境记》、《格列佛游记》、《小王子》，吉米漫画系列，宫崎骏动漫系列，赖声川话剧《暗恋桃花源》，达利绘画作品等。

第一讲 参考书（建议课后阅读）

赖声川《赖声川的创意学》（中信出版社，2006年出版）

黄文博《关于创意，我有意见》（企业管理出版社，2002年出版，适合广告新人）

中国蓝色创意集团《跨界》（广东经济出版社，2008年出版）

附：第一讲 课后资料

广告策划和创意之间的关系

一般而言，从传统广告业务流程来看，完整的广告活动包括市场调研、广告策划与创意、广告制作、媒介购买与广告投放、广告事后评估等几个环节，因此一般会将广告创意作为广告策划的延伸，广告策划与广告创意一直是紧密连接，甚至不分彼此的业务流程，广告表现需要服从广告活动的主旨。随着市场环境的变化，广告业界也不断推陈出新，打破固有思维的"大创意"（Big Idea）、跨位，为广告人津津乐道。

现代广告业中，将创意视为行业的核心部门。广告大师、奥美广告创始人大卫·奥格威曾说:"我认为创意功能是广告公司运作最重要的一环,各分公司负责人不可轻忽怠慢主要创意人员以使他们位居末席、冷落一旁,相反,公司负责人应该礼遇他们,给予报偿、提供住所,表示尊重,视他们为公司不可或缺的闪闪巨星。"

整合营销传播(IMC)理论主张以消费者为中心的"一个声音,多种渠道"传播方式,倡导广告各个环节、信息渠道的紧密结合。研究消费心理与行为的专家认为,广告产生效果有赖于消费者的记忆和学习过程。因此,广告主的整个营销传播活动,其实质都是紧紧围绕这两个目标进行,即更加有效地使消费者产生记忆,并通过学习建立或改变特定消费人群对产品和服务的态度,并最终改变或巩固其消费行为。而广告创意,也不仅止步于特定的某个广告环节,而是贯穿于整个广告活动过程。

以耐克和苹果公司为例,2007年两大时尚品牌耐克和苹果公司携手,专为喜好音乐和时尚运动的青少年设计,将运动与音乐这两项时尚活动进行无缝结合,两大时尚品牌的捆绑取得了意想不到的效果。当消费者穿上新款Nike+跑鞋、佩戴上苹果iPod,就可以在欣赏音乐的同时,通过嵌在鞋底的无线传感器计算跑步的里程,还可以通过iPod把跑步记录上传到耐克的网站上,并在网络社区和志趣相投的网友相互挑战、探讨各种感兴趣的话题。整个广告战役结合线上线下不同途径,从广告策划创意到广告执行滴水不漏,获得戛纳广告节、莫比、万秀、艾菲奖等多项国际广告大奖。

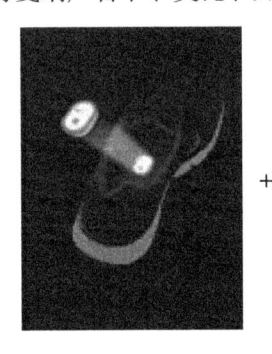

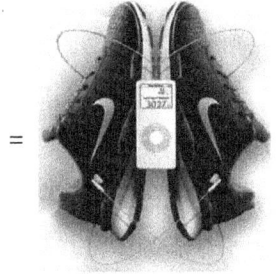

图 "Nike+iPod"广告战役

第一讲　绪论

图　苹果 iPod、耐克传感器、耐克＋网站（图片来源：http：//nikeplus.nike.com/）

2012 年，耐克继续推出 Nike＋Fuelbrand，这个具有创新科技的腕带可以记录和测量日常生活中的运动量，以此激励和启发人们生活得更有活力，与之前的"耐克＋iPod"活动一脉相承。

图　耐克＋Fuelbrand

Fuelbrand 通过感应手腕的动作传导不同的活动信息，并展示在 LED 点阵显示屏上。它可以测量四种数据：时间、卡路里、步数和 NikeFuel。用户可以为自己设定每日活动程度的目标，腕带通过 20 个 LED 彩灯来进行记录，随着用户接近他们的目标，显示灯色彩会从红到绿。FuelBand 内置的 USB 接口可以与"耐克＋"网站同步，或通过蓝牙与免费的 iPhone 应用同步，从而记录并跟踪每一天的活动和进展。运动目标达成后，应用程序的界面还会给予用户相应的鼓励。整个推广活动继续获得 2012 年戛纳创意节 Cyber 类全场大奖，也显示出跨界在广告中的实际应用，这必将是未来创意的趋势。

第二讲 人脑机能与创造学理论
——找寻思维的来源

【课前思考】

思维的来源是什么？

人类对思维的认识来源已久，古代中国人认为人思维的器官是心，如小说《封神演义》中，传说比干心有七窍，因而天生聪明；《孟子·告子上》中记有"心之官则思"；北宋王安石曾说："夫人莫不有视、听、思。目之能视，耳之能听，心之能思，皆天也。然视而使之明，听而使之聪，思而使之正，皆人也。"直到明代才逐渐认为思维的器官是大脑，李时珍在《本草纲目》中写道："脑为元神之府"。现代医学研究将大脑的研究归于"神经科学"或"神经生物学"中，将大脑的功能与大脑结构结合起来。

我国当代对思维的研究，源于钱学森在上世纪八十年代提出的"思维科学"观点，❶钱学森在去世前还专门向温家宝总理提问："为什么我们的学校总是培养不出杰出人才"，这个问题也被称为"钱学森之问"，主要体现在教育领域。此外，生物学、心理学、信息学也在人脑思维方面有所涉及。1997年，曾经轰动一时的IBM超级计算机"深蓝"（Deep Blue）击败世界象棋大师卡西帕罗夫，2005年，"深蓝"的计算速度已经达到每秒280.6兆次，引发了行业的大讨论，计算机可以替代人的思维吗？在计算机科学领域，人工智能研究就与此相关，我们甚至能从很多科幻片中找到

---

❶ 郭京龙，郭志族. 中国思维科学研究报告［M］. 北京：中国社会出版社，2007.10.

第二讲　人脑机能与创造学理论——找寻思维的来源

人类对人脑的探索。在这个领域，美国、俄罗斯、日本等国的研究走在行业前沿，人工智能也与空间技术、能源技术并列称为世界三大尖端技术。2013 年，奥巴马宣布在 2014 年的政府预算中斥资一亿美元用于揭开大脑未解之谜的研究，而此前人脑图工程，欧盟也投资了 7200 万美，由此可见各国对于这一研究领域的重视。

一、人脑的结构和功能

你首先要了解大脑是怎样的，以便使用你大脑的大部分。你要做的第一件事情就是弄清大脑的构造，然后看它如何工作、如何集中注意力、如何进行创造性思维。这样，你确确实实地就开始对你自身的了解和探索了。

图　《创意》（ideas）杂志

——（英）托尼·博赞

1. 人脑的重量

人因智慧而成为万物之灵，脑是人类思维活动的智能之源。成人脑重量介于 1200～1500 克，占体重的 1/50～1/40，是所有动物中大脑占体重比例最大的动物，因此脑也是人体最重要的器官之一。

人脑先天差别并不明显，成人大脑重量介于 1200～1500 克，中国成年男性平均为 1375 克，成年女性为 1305 克，男性大脑比女性稍重。大脑重量的增加则意味着脑细胞之间的突触（接头）联系增多，从而增强人脑对信息的储备能力。人的一生，脑细胞重量变化不大，2 岁左右幼儿的脑细胞已经和成人相当，3 岁左右，大脑已经达到成人的 80%。

2. 人脑的结构

人脑由大脑、脑干和小脑构成，其中大脑是人类思维活动的主要部分。人类大脑非常发达，最突出的特点是大脑皮质高度发达。大脑皮层是大脑的最外层，也是面积最大的部分，略呈灰色，如同核桃一般布满了褶皱。研究发现，覆盖在大脑皮层表面的灰质决定人的聪明程度，如果把人类的大脑表皮展开，总面积约为2200平方厘米，而聪明程度最接近人类的大猩猩，

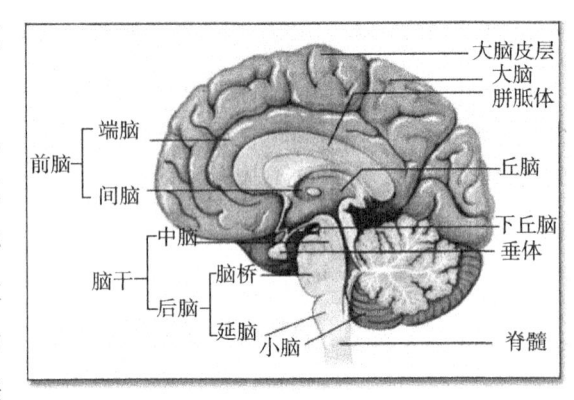

图　人脑的结构

大脑皮层面积只有人类的1/4，相当于一张A4大小的纸张。

大脑在指挥身体各部分工作时，本身有明确的分工。在大脑皮层上，分成若干区，各区之间各有分工，彼此又相互影响。同一时间只有部分区域在活动，其他部分休息而处于抑制状态❶。大脑的潜力取之不尽、用之不竭，据生理学家研究表明，人脑尚有90%的潜力未被利用，大脑发育的规律是"用进废退"。

近年的脑科学研究，对于大脑功能的分区有了更深入的探索，大脑结构与个人的思维有着必然的联系，但大脑结构是得益于先天遗传还是后天锻炼，仍然有着不同的说法。例如，以相对论等学说著称的物理学家爱因斯坦，被认为是天才，但据说直到3岁他才会说话。而对他的大脑研究显示，爱因斯坦的大脑仅有1230克，略低于普通成年男性；但他的神经细胞密度高，尤其是负责空间和数学思维的顶叶皮层特别发达，皮层褶皱多，表面积也相应更大；他的大脑前额叶部分，分裂成两个区域，而大部分人这两部分是相连的，因此他的规划、专注力、定力、想象力都高于常人。对于他超于常人的智慧到底是天生还是后天形成，脑科学家的意见并不统一，同时，还有人认为，爱因斯坦还是音乐家，大脑结构或许因为演奏音

---

❶　詹姆斯·怀特. 张庆文, 译. 破译人脑之谜［M］. 中国物资出版社, 1999: 103

乐而发生改变。❶

3. 神经元细胞

脑是人类智能的最主要的器官，是人体的神经中枢。构成大脑的最基本的单元是脑细胞，人脑是由 100 亿个左右的脑细胞组成的信息储存库，每天可以记忆、处理 8 千条以上的信息，它是我们创造性思维的物质基础。

脑细胞主要包括神经元（neuron）和神经胶质细胞，其中神经元细胞占 10%，却是最重要的部分。每个神经元每秒钟可以传递 250～2500 个神经冲动，每个神经冲动以不同的组合形式在神经纤维中传输成"编码"，具有感受刺激和传导兴奋的功能。大脑的潜力取之不尽、用之不竭，秘密就在于呈网状相互连接的上百亿个神经元细胞，不断传递各种信息。在人脑中，生物电信号从一个细胞传导到与之邻接的其他细胞，于是，我们便有了思维。

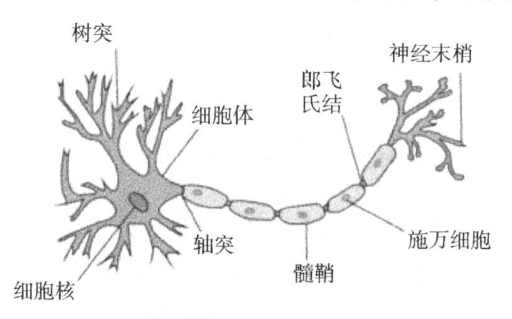

图　神经元细胞结构图

生理学家研究表明，只有 10% 的脑细胞得到充分发展和利用，人脑尚有 90% 的潜力未被利用，因此托尼·博赞曾比喻说，人的大脑就像一个沉睡的巨人，他这样描述：

大脑是由亿万个脑细胞构成的，每个脑细胞就其形状而言就像最复杂的小章鱼。它有中心，有许多分支，每个分支有许多连接点。几十亿脑细胞中的每一个细胞都比今天地球上大多数电脑强大和复杂许多。每一个脑

---

❶ 腾讯视频，台湾 TVBS 电视台：世纪天才爱因斯坦大脑结构揭秘. [EB/OL]. [2012-12-24] http://v.qq.com/cover/p/p0eaa7exnhvdmt2.html?vid=w0011fmnbcj

细胞与几万至几十万个脑细胞相连,它们来回不断地传递着信息。这个迷人的织造术,其复杂和美丽程度在世间万物中无与伦比,而我们每个人都有一个。

脑细胞和其他人体细胞的显著差异是无法再生,脑细胞在胚胎形成初期就开始迅速繁殖,婴儿期是大脑生长的关键时期,0~6岁也被认为是人脑潜能开发的关键时期,目前很多儿童早教项目就是基于这些研究。大脑发育有"用进废退"的规律,因此大脑"越用越灵",养成合理的用脑习惯可以延缓大脑的衰老。

4. 脑电波

当神经元发出信号时,神经元细胞的树突接受刺激并将冲动传递给细胞体,大脑的反应实质是电、化学反应,依靠胆碱作为神经传递素,微弱的电流通过网状的脑细胞传递大脑指令。人脑工作时,大概能发出四种不同的脑电波:贝塔(β)、阿尔发(α)、西塔(θ)、戴尔他(δ)[1]。

- 贝塔(β)代表警醒的状态,频率约为13~30赫兹,数值越高,大脑的状态越清醒;
- 阿尔发(α)则是不警醒的状态,是平静、深思的状态,脑电波频率9~12赫兹;
- 西塔(θ)的状态是非常开放、自由流通的创造状态,脑电波的频率5~8赫兹;
- 戴尔他(δ)代表无梦沉睡的状态,频率是0.5~4赫兹。

这些脑电波任何时候都有,但是四类电波所占比重,会因情况而不同。当人全神贯注做某件事时,他的脑电波很大比例是贝塔波,而且越紧张、专注,贝塔波的频率就越高;反之,当人沉睡的时候,戴尔他波的比例最大,睡得越沉,频率越低。如果睡眠时做梦,每90分钟脑波的组合会

---

[1] (美)詹姆斯·怀特.张庆文,译.破译人脑之谜[M].北京:中国物资出版社,1999:65-66

出现一次变动，西塔波会增加。要想保持脑能，有三个要素：饮食、运动、冥想。因为这样更容易产生α波，而α波是对脑力最有帮助的脑电波。

潜脑音乐是上世纪六十年代，由保加利亚科学教育家乔治·拉扎诺夫博士开创的超级音乐学习法，这种音乐每分钟约60拍，节奏和谐，与自然、生命、宇宙节奏同步，被认为是开发大脑潜能的音乐。日本和美国的一些研究认为，人脑中α波有助于开发潜意识，这种状态下的人脑处于更积极的工作状态，更能集中注意力，充分发挥聪明才智，而这种潜脑音乐更容易激发脑电波为α波。

欣赏：请听一段潜脑音乐——德沃夏克《寂静的森林》。

5. 左右脑及其分工

（1）左右脑功能差异

连接左右大脑的神经束被称为胼胝体（发音 Pián zhītǐ），它是连接左右半脑的桥梁，当切断脑桥梁后，人的大脑功能发生分裂，这说明人的左右脑是相对独立的。

从1952年开始，加利福尼亚理工学院的罗杰·斯佩里（Roger Wolcott. Sperry，1913.8.20—1994.4.17）就通过对动物大脑和施行"裂脑"手术的癫痫病患者进行研究，将病人左右脑之间的胼胝体切断，这些病患者被称为"裂脑人"，手术后他们的记忆力没有变化，语言能力大大提高，智力得到提升，但与此同时，左、右手的动作行为不能传达到对

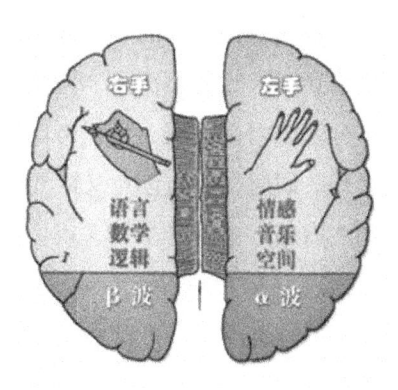

图　左右脑及分工

应的右脑和左脑中。他的研究表明人的左右半脑存在分工和差异，他也因此于1981年获得诺贝尔生理医学奖。由那时起，对左右半脑的研究及其对脑力开发的影响一直没有停滞过。

医学研究表明，左右半脑在人诞生之初没有功能差别，大约3岁时，左右脑开始分工，左脑控制人体右边的活动，右脑控制人体左边的活动，两个半脑均衡协调发展，既相互配合又各占优势。两个大脑半球处理信息的方式是不同的：左脑用逻辑、演绎和线性的思维方式，主要负责逻辑理解、记忆、时间、语言、判断、排列、分类、逻辑、分析、书写、推理、抑制、五感（视、听、嗅、触、味觉）等，思维方式具有连续性、延续性和分析性，因此多被称作"意识脑"、"学术脑"、"理性脑"；而右脑是下意识的、直觉和非线性的，主要负责空间形象记忆、直觉、情感、身体协调、视知觉、美术、音乐节奏、想象、灵感、顿悟等，思维方式具有无序性、跳跃性、直觉性等❶，被称为"感性脑"、"印象脑"。每个人的左右半脑的发展并不均衡，有所谓的"优势半脑"，对右利手来说，他们的左脑具有语言的功能，而右半球则无此功能，人们习惯上把左半球称之为语言脑，而右半球则称之为哑脑。

日本有研究显示，左脑主要储存本人出生以后获取的信息，具有判断利害得失和愉悦感觉的功能，又被称为"自身脑"、"本生脑"；右脑储存的信息大约是左脑的10万倍，存储着从古到今人类500万年遗传因子的全部信息，因此又被称为"祖先脑"。❷ 灵活运用右脑，进行形象练习，能促进分泌脑内荷尔蒙，是开启创意思维的一扇大门，有利于自如地进行创意表现。同时，广告创意又需要围绕消费者需求，进行逻辑推理，因此"左脑+右脑"的合作非常关键，两者缺一不可。

（2）男女左右脑差异

男性和女性的大脑除了在重量上有所差异外，胼胝体也有不同。胼胝体是连接左右大脑的桥梁，在胼胝体后部有一个"脑骈体压部"，男性呈棒状，女性呈球状，因此女性脑的胼胝体压部截面积比男性大，左右脑交换信息的回路数量比男性多。这些差异往往导致小女孩比小男孩早熟、早

---

❶ （英）马尔科姆·克雷格. 看清你的创意思维图谱［M］. 北京：机械工业出版社，2003：5.
❷ 詹姆斯·怀特. 张庆文，译. 破译人脑之谜［M］. 北京：中国物资出版社，1999：142.

第二讲 人脑机能与创造学理论——找寻思维的来源

聪明，但是到了青春期逐渐趋于平衡。

大脑左右脑的偏性功能（侧性化）的不同也影响到智力，男性脑比女性脑侧性化程度高，比如，男孩用右手活动频率高，而女孩无左右手差别。一般来说，男人左脑更发达，女人右脑更发达。因此男性一般抽象思维、逻辑思维能力更强，对空间的感知和方向感更强；而女性形象思维能力更强，对语言表达和理解能力更强。另外，在智力水平的分布上，男性智力发育很好和很差的都比女性多，而女性的智力发展比较均衡。

小实验：

1. 旋转的舞女：请问你认为舞女是顺时针旋转还是逆时针旋转？（视频略）

2. 游戏：请在桌上摊开两张纸，中间用一个搁板隔开，左右手各拿一支笔，分别在两张纸上画出不同的图形。

这个游戏会让多数人感到不适应，但对于施行了裂脑手术的癫痫病患者而言却很容易，这是为什么？

3. 颜色与文字：

问题一：请你说出下列文字的颜色

问题二：请读出这些字

思考：为什么读出这些字会比说出这些文字的颜色更加困难？

图 游戏：左右脑差异

视频：《人脑漫游》（BBC 电视台纪录片）

练习：

请根据左右脑的差异性，填写右脑对应的部分：

左脑	右脑
自身脑	
理性脑	

25

续表

左脑	右脑
抽象思维	
意识脑	
语言脑	
男性更发达	
控制右手	

人脑是集中处理各种思维活动的中枢，基本的控制功能保证机体的生存和运动。此外，人脑还具有语言、记忆、学习、思维等高级功能，而这些正是创意产生的生理基础。

二、创造学相关理论

1. 什么是创造学？

创造学是以创造为研究对象，旨在探索创造的特点、机理、规律和方法的科学[1]。简而言之，就是让创意能"教"、能"学"，开发出人类的大脑潜能，提高创意思维效率。与记忆力和学习能力相比，创造力伴随我们一生，在成年后，与年龄长幼的关系并不明显。

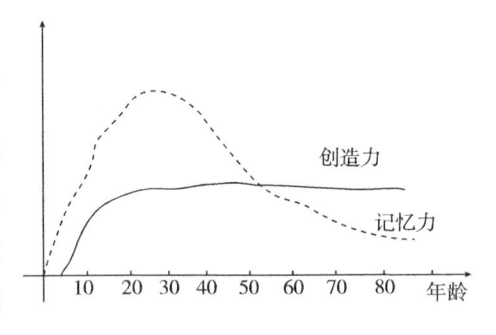

对创造学的研究源于上个世纪二十年代，形成了以美、日、苏为代表的三大流派，英国是后起之秀。国际上有60多个国家和地区都在研究创造学，创造学被广泛应用于政治、军事、经济、科学、教育、文化等诸多领域。我国在上个世纪20年代，教育家陶行知就曾提出并实践过"创造教

---

[1] 王岳森，李晖军．创造学教程［M］．成都：西南交通大学出版社，2004：10．

育",在教育界和工商界都产生一定影响,之后直到80年代才重新受到重视,并在1994年成立了"中国创造学会"。对于广告行业而言,创造学从产生之初便紧紧与行业相连。

以美国为代表的欧美在创造学理论与方法方面重视思维的自由活动,视发明创造为联想、直觉、灵感等的结果,以美国奥斯本的智力和戈登的类比启发法(原型启发法)为典型,1948年,麻省理工学院首度开设了《创造性开发》课程,从工商业到学界,都对此展开积极的实践和研究。日本对创造学的研究于1955年由美国引入,理论和方法倾向于思维的实际操作,发明创造于材料的收集与处理,如发现法(卡片排列法),以川喜田的KJ法和中山正和的NM法为代表。前苏联在创造学理论与方法方面是以唯物论的认识与方法论为基础,把发明创造建立在客观发展规律的基础上和有组织的思维活动上,不靠偶然所得(偶然性),而是按一定的程序达到必然结果(必然性),使发明创造成为一门精密的科学❶。本课程主要介绍产生于美、英的比较普及的几类创意思维工具。

2. 三位西方脑开发大师

(1)阿莱克斯·奥斯本(Alex Osborn,1888.5.24 – 1966.5.4 头脑风暴法的创始人,BBDO创始人之一)

奥斯本是头脑风暴法(Brain Storming)的创始人,被称为"头脑风暴之父"、"创造工程之父",也是美国BBDO(国内称BBDO天联)广告公司的创始人之一。

头脑风暴法由奥斯本在30年代首创,是一种为激励更多创意而设计的思维工具,这一工具不是为了筛选最好的创意,而在于鼓励参与者打破常规,

图　阿莱克斯·奥斯本

---

❶ 参考网络资料《国外创造学研究与教育》,[EB/OL] 2012 – 06 – 07. http://h.795.com.cn/3a624d0c/a/11907.html

捕捉尽可能多的创想——无论这些点子优劣与否。在 1953 年出版的《创造性想象》（Your Creative Power）一书中，首次对头脑风暴法进行介绍。此外，书中还介绍了另一创意思维工具：检核表法。此书发行 1.2 亿册，一度超过《圣经》，被译为 20 多种文字，从而引发了人们对创意思维的关注。

1949 年奥斯本在纽约州立水牛城大学（The University of Buffalo）开办了"创造性思考"夜校，之后哈佛大学、加利福尼亚大学等许多著名大学及军事院校也都相继开设了有关创造学的训练课程。到目前为止，美国几乎所有大学都开设了创造性训练课程。1954 年，他还建立了"创造教育基金会"。1970 年他成立"创造性领导中心"之后，又在 1978 年成立了"创造性学习中心"。他和其他研究者通过实验表明，人的创造能力可以通过训练得到提高，这对于创意思维训练而言是个利好消息。

头脑风暴法（Brain Storming）：又称智力激荡法、脑力激荡法，是一组人员运用开会的方式将所有与会人员对特殊问题的主意聚集起来以解决问题的方法。（韦氏大词典）

相关内容在第六讲中还有介绍。

（2）托尼·博赞（Tony Buzan，1942—　，思维导图 Mind Map 的创始人）

图　托尼·博赞　　　　　　　　图　思维导图图例

第二讲　人脑机能与创造学理论——找寻思维的来源

托尼·博赞，也译成东尼·博赞、托尼·布赞，1942年生于英国伦敦，英国头脑基金会的总裁，心理学家、教育学家，也是微软、IBM等多家跨国企业的咨询师和政府机构顾问，还是世界记忆锦标赛和世界快速阅读锦标赛创始人，被称为英国的"记忆力之父"、大脑先生（Mr. Brain）。最知名的发明是思维导图（Mind Map），已成为注册商标，自1993年由BBC图书公司出版了《心智图》图书（The Mind Map Book），从提出该图的绘图指南，到现在已出版80多部专著，传播到100多个国家。2005年曾到中国访问。

思维导图（Mind Map）：又被成为心智图、脑图、思维地图等，是一种以关键词、图形、色彩和连线等直观方式，对大脑思维进行记录的方法。

在第五讲中，还有更多介绍。

注：国内已有相关译著，包括：（前六本为"思维导图丛书"系列）

①《大脑使用说明书》，东尼·博赞 著，徐克茹、张鼎昆 译，外研社，2005.4.1；

②《磨砺社交技能的10种方法》，东尼·博赞 著，徐克茹、张鼎昆 译，外研社，2005.4.1；

③《激发身体潜能的10种方法》，东尼·博赞 著，周作宇、张学文 译，外研社，2005.4.1；

④《提高语言智能的10种方法》，东尼·博赞 著，张霞 译，外研社，2005.4.1；

⑤《唤醒创造天才的10种方法》，东尼·博赞 著，周作宇、张学文 译，外研社，2005.4.1；

⑥《获取精神力量的10种方法》，东尼·博赞 著，周作宇、张学文 译，外研社，2005.4.1；

⑦《看清你的思维图谱》，（英）马尔科姆·克雷格（Graig, M.），程云琦 译，机械工业出版社，2003.6。

（3）爱德华·德·波诺（Edward De Bono，横向思维法的创始人）

波诺是创意思维领域的专家，英国牛津、剑桥大学的医学和心理学博士，曾任教于牛津、剑桥、伦敦和哈佛大学。他是横向思维理论（Lateral thinking）的创始人，这一理论认为，创造性思维是以人脑的神经网络为基础而产生，思维是大脑自发产生。正是在此理论基础上，才产生了横向思维法（Lateral Thinking）、平行思考法（Parallel Thinking）等创意思维工具。他的一套培训工具包括著名的"六顶帽子"思考法，通过系列训练方式，从不同角度培养人们打破传统的思维方式。从60年代末至今，他写过约70本相关书籍，这些书籍被翻译成37种文字，传播到58个国家。柯尔特教学（The CoRT Programme）是波诺注册的商标。

图

六顶思想帽（The 6 Thinking Hats）：六顶帽子分别代表一种特定的思考方式，根据不同颜色的帽子，表示使用相应的思考方式。这种方法的目的是避免思维混杂，在一定时间内只按照一种方式思考。

■ 白色代表资讯、事实与数据，代表要做资料搜集工作。

■ 红帽代表感觉、预感和直觉，是对收集的资料的感觉。

■ 黑帽——代表理性的否定，好像法官一样，代表提高警惕，有戒心，对问题的反思，运用负面分析。

■ 黄帽——推测和肯定，代表积极、乐观的思维方式，代表利益/前景，帮助人们发现机会，与黑色相反。

■ 绿帽——创意性和横向思维，代表创造力，新思维/新观念，寻找更多方案的可能性。

■ 蓝帽——思维控制，代表天，代表宏观/方向，是控制思维过程的帽子。

注：以下列举自1969年《头脑的机制》发布以来，国内部分译著：

①《六顶思考帽》（Six Thinking Hats），波诺 著，冯扬 译，北京科学技术出版社，2004.1.1

②《六顶思考帽》，波诺 著，德.波诺思维训练中心 译，新华出版社，2002.7.1

③《横向思维（上、下）》，（英）波诺，德？波诺思维训练中心 译，新华出版社，2002.7.1

④《六双运动鞋》，波诺 著，安延等 译，新华出版社，2003.1

⑤《严肃的创造力：运用水平思考法获得创意》（Serious Creativity），波诺 著，新华出版社，2003.8.1

⑥《平行思维：解读六顶思考帽的深层价值》，波诺 著，王以、吴亚滨 译，企业管理出版社，2004.6.1

⑦《思考帽（平行思维应用技巧）》，波诺 著，汪凯／吴亚滨 译，企业管理出版社，2004.6.1

⑧《首要能力（追求卓越的思考技能）》，波诺 著，汪凯／王以 译，企业管理出版社，2004.6.1

⑨《比知识还多（CoRT思维技能训练)》波诺 著，李迪／汪凯 译，企业管理出版社，2004.6.1

⑩《送你六顶帽子：教你如何思考》，波诺 著，刘素华／周晓来，四川大学出版社，2003.10

⑪《超级思考帽》，波诺 著，陈荣平，译，人民邮电出版社，2006.1.1

⑫《我对你错》，波诺 著，广州出版社，1998

⑬《水平思考的力量》，（英）爱德华·德伯诺 著，中信出版社，2009.1

三、作业

请根据本讲提及的书目，写一篇千字文读后感，要求有新鲜的角度、独立的思考，结合自身或专业，而不仅仅是重复、归纳作者观点。

一个伟大的创意就是一个好广告所要传达的东西；

一个伟大的创意能改变创意文化；一个伟大的创意能转变我们的语言；

一个伟大的创意能开创一项事业或挽救一家企业；

一个伟大的创意能彻底改变世界。

——乔治·路易斯

第三讲 广告创意观
——向大师学习

【课前思考】

对广告是科学还是艺术的争论由来已久，相对中庸的看法认为：广告是"理性与感性"、"科学方法与灵感直觉"掺和在一起的杰作，更是由创意才能与创作技巧结合而成的伟大产物[1]。那么，你认为广告是什么？

一、广告创意大师介绍

本讲介绍的几位广告创意大师包括：

1. 约翰·E·肯尼迪　　（John Kennedy，1864—1928）　　Lord & Thomas
2. 克劳德·霍普金斯　（Claude C·Hopkins，1867—1932）　Lord & Thomas

---

[1] 贝纳德·格赛罗 著，《广告创意解码》，北京：中国物价出版社，2003.9.

第三讲 广告创意观——向大师学习

3. 阿尔伯特·拉斯克尔　（Albert Lasker, 1880－1952）　　　　Lord & Thomas
4. 罗瑟·瑞夫斯　　　（Rosser Reeves, 1901—1984）　　　　Bates
5. 大卫·奥格威　　　（David Ogilvy, 1911—1999）　　　　Ogilvy & Mother
6. 雷蒙·罗必凯　　　（Raymond Rubicam, 1892—1978）　　Y & R
7. 詹姆士·韦伯·扬　（James Webb Young, 1886—1973）　　JWT
8. 威廉·伯恩巴克　　（William Bernbach, 1911—1982）　　　DDB
9. 李奥·贝纳　　　　（Leo Burnett, 1892—1971）　　　　　Leo Burnett
10. 乔治·路易斯　　　（George Lois　1931—　　）
11. 黄霑　　　　　　（1941－2004）

上述广告人均是载入广告史册、并与广告创意有关的名人，他们或创建出独具创意理念的广告公司，或创造出令人惊叹的广告作品，或提出有预见性的广告见解，为同时代所瞩目。他们不是只完成好作品的"匠人"，而是用执着的创意理念影响后人的广告大师。在广告环境飞速变迁、媒体技术日新月异的今天，或许他们的见解未必会对我们的创意作品有直接参考作用，我们甚至要学会忘记他们已经过时的经典作品，正所谓"不破不立，边破边立"，但他们的创造精神，放在今天却毫不过时，正如爱默生所说"天才的创造力源自伟大的人格"。我们还要找到自己对广告创意科学，抑或艺术的理解，看看在今天的广告创意行业，又可以找到哪些新的趋势。

1. 约翰·E·肯尼迪（John Kennedy, 1864—1928）

广告公司：洛德暨托马斯广告公司（Lord & Thomas，即 FCB 的前身）

广告贡献：对广告的定义：广告是印在纸上的推销术（Advertising is Salesmanship-In-Print.）

代表作：《广告测试》（The Book of Advertising Tests, 1912）、《洞悉广告》（Intensive Advertising, 1914）

经历简介：约翰·肯尼迪出生于加拿大，1905年，曾是警员的他凭借给广告所下的三个英文单词的定义——Advertising is Salesmanship-In-Print.

图　约翰·E·肯尼迪

33

（广告是印在纸上的推销术），戏剧性地得到当时知名的广告公司洛德暨托马斯公司老板拉斯克尔的青睐，进入这家公司。在拉斯克尔的主张下，他将他对广告的理解写成《广告测试》（The Book of Advertising Tests）一书，作为公司培训员工的材料。也是在他的影响和建议下，这家公司成为美国广告史上第一家专门系统训练广告文案的公司，培养出多位知名广告人。拉斯克尔对他评价很高："写广告历史，第一个一定要写到约翰·肯尼迪。到今天为止，他所定下的原则一直是每一位文案人员的准则。"

观点和作品：

作为美国早期著名的广告文案撰稿人，他创立了唯情派（也称为"情理派"），并为广告下了后来广为引用的著名论断："广告是印在纸上的推销术"，他一反19世纪末流行的华丽歌谣式的广告创作作风，撰写朴实而具有销售力的广告文案，目的是促进消费者了解并购买。大卫·奥格威的书中也多次提到约翰·肯尼迪。

参考资料：

［1］广告名人堂 资料：http：//www.advertisinghalloffame.org/members/member_bio.php?memid=676&uflag=k&uyear=

［2］林升梁，《美国伟大广告人》，中国经济出版社，2008年2月出版

2. 克劳德·霍普金斯（Claude C·Hopkins，1867—1932）

广告公司：洛德暨托马斯广告公司（Lord&Thomas，即FCB的前身）

广告贡献：强行铺货、试销、兑换券等多种促销方法，发明了广告文案研究

代表作：《科学的广告》（Scientific Advertising，1923）

《我的广告生涯》（My life in Advertising，1927）

经历简介：他出身牧师家庭，曾做过牧师，后在多家广告公司任职，41岁时受拉斯克尔之邀到洛德暨托马斯广告公司，在这家公司工作了17年之久直至退休。他谨慎不善言辞，同时是一个工作狂，常常工作到半夜两点、没有周末，数年如此。

观点和作品：

克劳德·霍普金斯发展了约翰·肯尼迪的情理广告，成为情理派的代表人物。他是早期秉持"广告是科学"的最为知名的代表人物，广告针对平民，注重实效。其言论直接影响到后世的一代广告人，如大卫·奥格威、罗瑟·瑞夫斯等。大卫·奥格威将他视为创造现代广告的六位巨擘之一（另五位是阿尔伯特·拉斯克尔，斯坦立·雷索，雷蒙·罗必凯，李奥·贝纳，威廉·伯恩巴克），而扬·罗必凯则憎恨霍普金斯，认为他终身以欺骗大众为业。

霍普金斯同样认为广告是推销术，更是科学，并进行了大量尝试。1923年他为所在公司洛德暨托马斯写了一本小册子，后由公司出版，即《科学的广告》。他在书中首创了新产品强行铺货的方法，发明了试销（如，在为某猪肉大豆罐头所做的广告语称：也请尝尝我们对手的产品）、兑换券以及文案研究的方法，尤其注重测试。他为喜立兹啤酒（Schlitz）所做的广告中，没有像通常那样介绍设备和发酵工艺，而是另辟蹊径，向消费者宣称"每一个啤酒瓶都经过高温蒸汽消毒"，从而大大提升了喜立兹啤酒的市场销量。在他的时代，他认为广告中使用图片是浪费版面。《我的广告生涯》则是他的自传，连载发表于《广告与销售》杂志，出版后在广告行业畅销多年。

他没上过大学，对大学广告教育深恶痛绝，认为只有在商业实践中才能学到广告经营实务，"就广告业而言，一个人跑去和乡下人聊一个星期的收获，比他在现有的任何一间教室里学上一年所得要大得多"。

参考资料：

[1] 克劳德·霍普金斯 著，邱凯生 译，《我的广告生涯——科学的广告》，新华出版社，1998年出版（有中文版、英文版电子版下载）

[2] 魏炬，《世界广告巨擘》，中国人民大学出版社，2006年出版

[3] 林升梁，《美国伟大广告人》，中国经济出版社，2008年2月出版

3. **阿尔伯特·拉斯克尔**（Albert Lasker，1880－1952）

广告公司：洛德暨托马斯广告公司（Lord & Thomas，FCB前身）

代表作：《拉斯克尔的广告历程》

经历简介：出身富裕家庭，12 岁即创办报纸，18 岁时由父亲介绍，进入芝加哥 Lord & Thomas 广告公司并成为撰稿人，20 岁时买下这家公司，并很快将它经营成世界上最大的广告公司之一。他精力过人，能连续工作 15 个小时，在公司管理上干练而专制，网罗和培养了当时最为出色的一批广告人，如约翰·E·肯尼迪、克劳德·霍普金斯等，但同时公司员工流动惊人。1918～1923 年罗斯福总统任期中，他担任共和党的宣传部长，第一次将广告技巧运用于政治中。

图　阿尔伯特·拉斯克尔（上）
Lord & Thomas 广告公司标识

在他去世前十年，即 1942 年，他将当时经营良好的 Lord&Thoma 公司象征性地以 10 万美元的低价卖给公司三位最出色的年轻员工福德（Emerson Foote）、康恩（Fairfax Cone）和白尔丁（Don Belding）❶，并根据他的意愿将公司更名为 FCB❷。他不善于演讲，也不喜欢出书，《拉斯克尔的广告历程》一书是他某次长达六小时演讲整理的成果。大卫·奥格威曾称他是"广告史上最会赚钱，也最会花钱的人"，他则自诩为"世上唯一的广告人"。

观点和作品：

他的名言是，花六个月时间去做调查结果只能带回"公驴有两支耳朵"的结论，而不会有什么真正的创意。他一生蔑视广告研究，在 Lord & Thomas 广告公司中，没有市场营销人员、设计指导和研究人员，为此他可以多挣 7% 的利润。他十分欣赏和信赖肯尼迪的观点，他在书中写道："拉斯克尔遇到肯尼迪，一个崭新的观点由此诞生。"

参考资料：

❶ Foote、Cone 和 Belding 都入选美国《广告时代》周刊 20 世纪最出色的广告百人名单中。
❷ FCB，也译作富康贝尔丁，国内合资公司称博达大桥。集团调整后，现与 Draft 公司合并称为 DraftFCB。

[1] 阿尔伯特·拉斯克尔 著，焦向军 译《拉斯克尔的广告历程》，新华出版社，1998.11 出版

4. **罗瑟·瑞夫斯**（Rosser Reeves，1901—1984）

广告公司：达彼思（Bates）❶

广告贡献：独特的销售说辞（USP）

代表作：《实效的广告》（Reality in Advertising，1961）

经历简介：罗瑟·瑞夫斯曾任新闻记者，直到 20 岁时入行广告业。1949 年，他进入达彼思广告公司，后来成为该公司的董事长。

图　罗瑟·瑞夫斯

观点和作品：

他毕生最为出名的广告理论是 1961 年出版的《实效的广告》（Reality in Advertising）一书，书中系统地阐述了有关广告的一些理论，在达彼思公司自 20 世纪 40 年代初开始的调研基础上，开创性地提出了"独特的销售说辞"理论（即 USP 理论，Unique Selling Proposition），力图发现产品独一无二的好处和作用。这一理论被视为广告史上最早提出的具有深远影响的理论。

作为 USP 理论最佳注脚的就是为 1954 年他为 M&M's 巧克力豆所做的广告文案："只溶在口，不溶在手"（M&M's melt in your mouth, not in your hands.）（见图）。此外，他还是第一个利用电视广告进行产品推广的人，第一个明确提出广告的目的是为了销售。其代表作品还包括安诺新（Anacin）止痛药、高露洁牙膏（广告语：清新牙齿、清新口气，这一广告语沿用至今）、总督牌香烟等。同时，他还开创了广告公司帮助政治竞选的模式，帮助共和党候选人艾森豪威尔成功当选美国总统。

在对广告创意的态度上，他是霍普金斯的忠实信徒，他曾说："我觉得写广告文案大概跟做全科医生差不多"，"创意在广告里是一个最危险的词"，

---

❶ 达彼思因集团调整，现名 Bates141。

37

虽然他曾入选纽约杰出广告文案撰稿人，但他很轻视文案写作。他认为，人们并不真正需要艺术、音乐、文学、报纸、历史学家、汽车、日历、哲学，人们所需要的只是一个窝、一顿饭或一盆火——无疑，他是科学广告观的坚定支持者。

图　玛氏巧克力豆广告

参考资料：

[1] 罗瑟·瑞夫斯 著，张冰梅 译，《实效的广告》，内蒙古人民出版社，1999 年出版

[2] 魏炬，《世界广告巨擘》，中国人民大学出版社，2006 年出版

[3] 丹尼斯·希金斯 著，顾奕 译，《广告文案名人堂》，中国财政经济出版社，2002 年出版

5. 大卫·奥格威：（David Ogilvy, 1911—1999）

广告公司：奥美广告（Ogilvy & Mather）广告贡献：品牌形象理论（BI）

代表作：《一个广告人的自白》（Confessions of an Advertising Man, 1963）

《奥格威谈广告》（Ogilvy on Advertising, 1983）

《大卫·奥格威自传》 （Blood, Brains and Beer, 1978）

图　大卫·奥格威

《广告大师奥格威——未公诸于世的选集》 （The Unpublished David Ogilvy – a selection of his writings from the files of his partners, 1986）

经历简介：大卫·奥格威生于英国，从牛津大学退学后，他曾做过厨师、厨具推销员、普林斯顿盖洛普研究所副主任、外交官、农夫等多种工作，二战后来到美国发展，进入广告行业，并于 1948 年在纽约和别人合伙创立奥美广告公司。1965 年，奥格威辞去奥美董事长，专心从事创新设计，1973 年退休，隐居在法国的多弗古堡。1989 年，广告集团 WPP 以 8 亿 2500 万美元收购奥美，1999 年奥格威去世。

奥格威被《时代》周刊称为"当今广告业最抢手的广告奇才",被《纽约时报》称为"现代广告最具创造力的推动者"。《广告周刊》说:"奥格威以他敏锐的洞察力和对传统观念的抨击照亮了整个广告行业,令任何广告人都无法企及"。法国一家著名杂志称他为"现代广告的教皇",并将他与爱迪生、爱因斯坦等并列为对工业革命最有贡献的人物。

观点和作品:

他认为广告是科学,曾说:"我对什么事物能够成为好的文案的构思,几乎全部都从调查研究得来而非个人的主见。"他推崇品牌管理,这一公司理念维持至今。他注重创意,认为"没有好的创意,广告充其量是二流作品。"他被认为是美国60年代"创意革命时代"的三大旗手之一(另两位是威廉·伯恩巴克和李奥·贝纳)、现代广告教皇,在广告业界名望极高。他著作颇丰,也是引进中国的同类书籍中数量最多的广告人,著有《一个广告人的自白》(Confessions of an Advertising Man,1963)、《大卫·奥格威自传》(Blood,Brains and Beer,1978)、《奥格威谈广告》(Ogilvy on Advertising,1983)等,另有他的员工所整理的关于他的经营理念的书籍《广告大师奥格威——未公诸于世的选集》(The Unpublished David Ogilvy – a selection of his writings from the files of his partners,1986)等。

他早期的广告代表作是为海赛威衬衫所做的广告"戴眼罩的男人"(如图)、为劳斯莱斯汽车所做的广告文案"这辆新型劳斯莱斯,在时速达到60英里时,最大的噪音来自电子钟。"(如图)、斯坦威钢琴广告、舒味思奎宁柠檬水、健力士黑啤等。

参考资料:

[1] 大卫·奥格威 著,林桦 译,《一个广告人的自白》,中国物价出版社,2003年出版

[2] 大卫·奥格威 著,《大卫·奥格威自传》,海南出版社,1998.9

[3] 大卫·奥格威 著,《奥格威谈广告》,机械工业出版社,1991-1.

[4] 大卫·奥格威 著,庄淑芬 译,《广告大师奥格威——未公诸于世的选

集》，机械工业出版社，2003.7 出版

[5] 大卫·奥格威 著，曾晶 译，《奥格威谈广告》，机械工业出版社，2004.6 出版

[6] 魏炬，《世界广告巨擘》，中国人民大学出版社，2006 年出版

[7] 丹尼斯·希金斯 著，顾奕 译，《广告文案名人堂》，中国财政经济出版社，2002 年出版

图　海赛威衬衫广告《戴眼罩的男人》（左）
劳斯莱斯汽车广告（右）

6. 雷蒙·罗必凯（Raymond Rubicam，1892—1978）

广告公司：扬·罗必凯广告（Y&R）

广告贡献：间接文案法（Indirect Copy Approach）、读者意见调研、广播调研

经历简介：1892 年生于纽约，因为喜爱写作，偶然成为广告人。1919年，罗必凯进入著名的艾尔父子广告公司（N. W. Ayer & Son），成为公司最出色的撰稿人，之后由于理念不合离开公司。1923年 30 岁的雷蒙·罗必凯和同事约翰·扬用 5000 美元资金在费城成立了扬·罗必凯公司（Young & Rubicam），他集文案、公司管理才能于一身，被誉为"美国历史上最好的广告公司领导人"，将公司发展为当时美国第三大广告公司。

观点和作品：

雷蒙·罗必凯创建的扬·罗必凯广告公司以注重广

图　雷蒙·罗必凯

告调研而闻名，曾邀请印第安纳州立大学统计学教授盖洛普博士，帮助扬·罗必凯成为第一个在内部建立调研部门的广告公司，对文案的评测指标至今仍为广告界所沿用。他还专注在广告公司经营管理上，文案出身的他也十分仰仗文案人员而轻视业务人员。他并不认可霍普金斯的观点，认为霍普金斯一生都在欺骗公众。

他的代表作品包括骆驼香烟、施贵宝药品、斯坦威钢琴等，为骆驼香烟创作了"为了一支骆驼香烟，我愿走一里路"（I would walk a mile for a Camel）的广告语，为施贵宝所做的"每个产品的无价之宝，就是制造者的荣誉和正直"（The Priceless Ingredient），以及为斯坦威钢琴所做的"不朽大师的乐器"等广告语（该广告活动使得斯坦威钢琴迅速成为奢侈品牌的代表）。

参考资料：

[1] 魏炬，《世界广告巨擘》，中国人民大学出版社，2006 年出版

[2] 林升梁，《美国伟大广告人》，中国经济出版社，2008 年 2 月出版

7. 詹姆斯·韦伯·扬（James Webb Young，1886—1973）

广告公司：智威汤逊广告公司（JWT）

代表作：《产生创意的技巧》（A Technique for Producing Ideas，1960）❶

《怎样成为广告人》（How to Become An Advertising Man，1963）

《一个广告人的日记》（The Diary of An Ad Man）

广告贡献：提出了广告业务所需的基本知识，归纳了产生创意的技巧。

图　詹姆士·韦博·扬

经历简介：詹姆士·韦伯·扬，12 岁就辍学当店员，做过苹果种植和推销工作，是个杂家。1917 年 31 岁时起任智威汤逊广告公司（JWT）纽约公司的副总经理，后任资深顾问及总监，1928 年在芝加哥大学商学院兼

---

❶ 第一讲中有介绍，略。

任教师，讲授广告和商学史课程，是美国当代影响力最深远的广告创意大师之一，文案功力深厚。晚年致力于广告教育工作及著述，被认为是美国广告界的教务长。在他的书中，《产生创意的技巧》和《如何成为广告人》（How to Become An Advertising Man）都是他在芝加哥大学讲课的讲稿整理，《一个广告人的日记》是他发表在《广告时代》上的匿名连载日记，这些使得他兼有广告人和教育者的双重身份。

观点和作品：

在广告创意方面，最为知名的是在《产生创意的技巧》（A Technique for producing ideas）一书中所提出的创意过程的五个步骤（见资料，又被称为"创意五部曲"）以及如何产生创意的"魔岛"说，有人认为其创意哲学与伯恩巴克相似，而伯恩巴克也将其视为自己的偶像。

在《怎样成为广告人》中，他提出广告知识的七个方面，即：

一、提案知识（Knowledge of Propositions）。发掘产品最有力的销售提案。

二、市场知识（Knowledge of Markets）。了解市场走势，以至消费者的一举一动。

三、讯息知识（Knowledge of Messages）。设计以销售提案为中心，消费者不能抗拒的广告销售讯息。

四、讯息传播知识（Knowledge of Carriers of Messages）。使用适当的传媒，把广告销售讯息发放。

五、销售途径（Knowledge of Trade Channels）。认识产品散货网的种种渠道。

六、广告技巧（Knowledge of How Advertising Works）。了解多种有助促销的广告技巧。

七、特定环境（Knowledge of Specific Situation）。明白不同环境，广告应有不同策略和战术。

他认为广告人的通识教育（General knowledge）比专业教育（Specialized knowledge）更重要。而创造力的产生不是自然恩赐，经过训练可以产生敏锐的洞察力。

参考资料：

［1］詹姆斯·韦伯·扬 著，李旭大 译，《创意》，中国海关出版社，2004年出版

［2］詹姆斯·韦伯·扬 著，林以德等 译，《广告传奇与创意妙招》，内蒙古人民出版社，1998.11 出版

［3］魏炬，《世界广告巨擘》，中国人民大学出版社，2006 年出版

［4］林升梁，《美国伟大广告人》，中国经济出版社，2008 年 2 月出版

8. 威廉·伯恩巴克：（William Bernbach，1911—1982）

广告公司：恒美（DDB）

广告贡献：第一个公开表达"广告是艺术"。

经历简介：1945 年，威廉·伯恩巴克在二战服完兵役后进入麦迪逊大街上一家由犹太人开设的广告公司 Grey（精信），迅速崭露头角，由此开始他的广告生涯。但随着 Grey 对科学研究的日益重视，他认为公司"过分崇拜技术而忘却实质"而离开公司，并与合伙人道尔、戴恩一起创办了 DDB，伯恩巴克担任总经理，负责公司的创意策划。美国《广告时代》周刊所评选的"20 世纪最伟大的广告人"中，他位列首位。

图　威廉·伯恩巴克

观点和作品：

威廉·伯恩巴克视詹姆士·韦伯·扬为偶像，被称为"唯情派"广告大师、艺术派广告哲学大师，也是广告史上第一个公开宣称广告是艺术的广告人，公开宣称："我警告你们：不要相信广告是科学！"，认为广告是"说服的艺术"，"规则正是艺术家所突破的东西，值得记忆的事物从来不是方程式中得来的，"创意根植于直觉。他还认为，"十亿年来，人类的本性从没改变过，再过十亿年也是一样，只是表面的东西会改变"，"有件事

肯定是不会变的，创作人员若是洞察人类的本性，以艺术的手法去感动人，他便能成功。没有这些，他注定失败。"他一生没有著书立说，其创意思维观散见于访谈录、演讲和与员工的内部交流。

DDB1959年为大众汽车甲壳虫系列所做的Think Small广告❶被《广告时代》杂志评为20世纪广告成功案例之首，1963年为爱飞士（Avis）出租车公司做所的We Try Harder广告被列为第十位。此外，他为奥尔巴克百货公司策划的广告活动、为大众汽车所做的《送葬车队》广告创意也同样取得了成功。DDB经典的广告创意不胜枚举。

图 爱飞士出租车公司广告（文案如下）

■ Avis is only No. 2 in rent a cars. So why go with us?（译文：Avis是出租行业的老二，为什么还要与我们同行？）

我们更努力。（当你不是最大时，你就必须如此）

我们就是不能提供肮脏的烟盒、不满的油箱、没有气的轮胎……

很明显，我们如此卖力就是力求最好……

为什么？

因为我们不会不把你当回事。

---

❶ 大众汽车Think Small广告由DDB广告公司代理，也是路易斯的广告作品。

下次请与我们同行。

我们柜台排队的人数比较少。

■ When you're only No. 2, you try harder, Or else（译文：如果你是老二，要么更努力，要么什么也不是）

■ The Avis Manifesto（译文：后继者宣言）

参考资料：

［1］魏炬，《世界广告巨擘》，中国人民大学出版社，2006年出版

［2］丹尼斯·希金斯 著，顾奕 译，《广告文案名人堂》，中国财政经济出版社，2002年出版

［3］林升梁，《美国伟大广告人》，中国经济出版社，2008年2月出版

9. 李奥·贝纳：（Leo Burnett，1892~1971）

广告公司：李奥·贝纳（Leo Burnett）

广告贡献："芝加哥学派"代表，倡导广告"内在的戏剧效果"。

经历简介：李奥·贝纳早期曾于密歇根州立大学学习新闻，毕业后担任记者，之后24岁去底特律的凯迪拉克汽车公司担任内部刊物编辑，开始接触广告行业，辗转于多家

图 李奥·贝纳

广告公司，并成为知名的广告创意人。直到1935年，43岁的他在芝加哥创立了以自己名字命名的李奥·贝纳广告公司，公司秉承他的风格迅速壮大，上世纪七十年代已是世界排名第五的广告公司。

观点和作品：

他所倡导的"摘星精神"（伸手摘星，即使徒劳无功，也不致一手污泥。见右图中标识。）成为公司座右铭。1967年12月1日，75岁的他在公司年会上发表了他的退休演讲、也是广告史上的著名演讲《何时该从门上摘下我的名字》（见本讲附录）。

作为芝加哥学派的李奥·贝纳，倡导创意所谓"与生俱来的创意性"，

他认为"每一件商品,都有戏剧性的一面。我们的当务之急,就是要替商品发掘出以上的特点,然后令商品戏剧化的成为广告里的英雄。"但他也反对不顾广告目标的标新立异:"如果你只为了标新立异而标新立异,早上醒来嘴里含着袜子就可以了。"他被誉为"广告界的戏剧大师",是美国上世纪60年代广告创作革命代表人物之一。

他的代表作包括:万宝路香烟系列广告(重新定位,并将牛仔形象深植人心)、绿巨人豌豆广告、老虎托尼等。如,为绿巨人豌豆所做的广告文案《月光下的收成》简洁而自然:"无论日间或夜晚,绿巨人豌豆都在转瞬间选妥,风味绝佳——从产地到装罐不超过三小时。"

参考资料:

[1] 乔安妮·库芙林,林渭富 译,《摘星的人》,滚石文化出版,2004年出版

[2] 魏炬:《世界广告巨擘》,中国人民大学出版社,2006年出版

[3] 丹尼斯·希金斯 著,顾奕 译,《广告文案名人堂》,中国财政经济出版社,2002年出版

10. 乔治·路易斯:(George Lois,1931—)

广告公司:DDB,LOIS/GGK

代表作:《蔚蓝诡计》(What's the Big Idea)(又名《大创意》)、《广告的艺术》(The Art of Advertising)。

经历简介:乔治·路易斯是美籍希腊裔人,早年学习商业艺术,于1959年进入DDB广告公司,之后离开DDB并成立了三个自己的广告公司(Papert, Koenig & Lois、Lois Holland Callaway、Lois

第三讲　广告创意观——向大师学习

Pitts Gershon）。从1962年到1972年十年间，他为《时尚先生》杂志❶设计了92个封面，引领了整个六十年代的时尚。25年间，他创作了13224个作品，并集合成《广告的艺术》一书。1963年，他被纽约艺术指导俱乐部评为最佳艺术指导，1978年，他进入艺术指导名人堂和创意名人堂，成为其中最年轻的一个。《广告时代》将其评为广告界十大新闻人物之一。1997年，他被授予AIGA终生成就奖。

观点和作品：

他生性叛逆，轻蔑规则，无视权威，狂妄而勤奋。他认为"创意无公式"，被认为是"麦迪逊大道❷上的疯子"、广告界的叛逆者。美国华尔街日报曾对乔治·路易斯评价说："乔治·路易斯是麦迪逊大道上最聪明的人之一……他是个性急而才高八斗的家伙，在广告界掀起了一阵创意风暴，不但对广告的制作产生了深远的影响，同时也改变了美国人的购买习惯。"

虽然广告行业被认为是流程明确、分工精细的行业，但他不以为然："假如广告是门科学，那我就是女人"；他更认为调研、定位并不是广告行业的通则："伟大的创意不能够被测试，只有平庸的才可以。""定位是个屁"，"定位的道理非常浅白，就像上厕所前，一定要把拉链拉开一样。""广告没有一成不变的法则，它需要的是灵活的思考。"他强调，广告是一门艺术，"创造惊人的点子，并戏剧化地呈现出来"，广告来源于直觉，来源于本能，更来源于天赋，而基于直觉、本能和天赋的广告，就会成为"一种有毒气体，它能使你流泪，它能使你神经错乱，它能使你神魂颠倒！"之后，"广告是一种有毒的气体"这一说法被媒体广为引用。

一个伟大的创意就是一个好广告所要传达的东西；

---

❶ 《时尚先生》：英文名Esquire，也译为《君子》、《绅士》等，男性杂志，封面总能成为时尚界的热议话题。在中国于1999年开始版权合作。

❷ 麦迪逊大道：美国曾经闻名的一条大街，多家广告公司曾设立于此，后常常被借用为广告业的代称。

一个伟大的创意能改变创意文化；一个伟大的创意能转变我们的语言；

一个伟大的创意能开创一项事业或挽救一家企业；

一个伟大的创意能彻底改变世界。

——《蔚蓝诡计》乔治·路易斯

他的作品包括：大众甲壳虫汽车"Think Small"，Wolf Schmidt 伏特加酒和为《时尚先生》（Esquire）所做的系列封面（如图），此外，1982年他设计的广告语"我要我的 MTV"也流传甚广。

图 乔治·路易斯为《时尚先生》（Esquire）❶ 杂志所做的封面设计

（左：拳王阿里，右：反越战）

参考资料：

[1]【美】乔治·路易斯 著，何辉 译，《大创意》，中国人民大学出版社，2008-4.

[2]【美】乔治·路易斯 著，刘家驯 译，海南出版社，1996-11（与《大创意》系《What's the big idea》的不同译本）

[3]【美】乔治·路易斯 著，高志宏 徐智明 译《广告的艺术》，海南出版社，1999-10.

[4] 林升梁，《美国伟大广告人》，中国经济出版社，2008年2月出版

11. 黄霑（1941－2004）

广告公司：黄和林广告公司（1976 年与林燕妮创立）

广告代表作：广告语"人头马一开，好事自然来。"

经历简介：黄霑是香港知名的词曲作家、广告人、作家、主持人及传媒创作人。1941 年生于广州，1949 年移民香港，1963 年毕业于香港大学中文系。他以音乐才能著称，一生创作过 2000 多首歌曲并风行一时，在 20 世纪七八十年代曾经带动粤语流行歌曲的热播，是当代粤语流行歌曲的代表人物。他认为粤语广东歌曲水平的提升，与广告音乐创作不无联系。他被称为"香港鬼才"，与金庸、倪匡、蔡澜一起被称为"香港四大才子"。

图　黄霑

黄霑在广告方面的成就并不像音乐那样广为人知，他于 1965 年进入英美烟草有限公司广告部，1968 年擢升为广告部副经理，公司保送其去英国接受商业管理训练。1970 年转入华美广告公司（Ling - McCann - Erickson），任联合创作总监，是首位获美国广告界"克里奥广告奖"（Clio Award）的香港人。1972 年黄霑被国泰广告公司（Cathay Advertising）聘为总经理，1976 年与林燕妮创立"黄和林"广告公司，以 5 万元起家，五年后营业额即达一亿二千万元，并成为香港排名第七的广告公司（后被英国广告集团盛世/Saatchi&Saatchi 收购）。广告代表作包括 1975 年为家计会提倡节育的"两个够晒数"（两个孩子就够多了）口号，90 年代初的广告语"人头马一开，好事自然来"即是出自黄霑，该广告语一直沿用至今。1999 年，主持"创意与创造力"讲座，开创益智 TALK SHOW 系列。

观点：

黄霑曾在一副对联里提出创意的原则和技巧，为后人称道。上联是：加减乘除转用时，下联是：乐童胆练吸松夜，横批：每天想想它。

加：指在原有的基础上加上一个元素，从而创造一个新的概念；

减：指减省，减少原有的不必要的元素；

乘：放大；

除：缩小；

转：倒转，从事物的根源着想；

用：改用途；

时：及时，指广告创意要注重时效。

而培养的方法，可以这样理解：

乐：乐观；

童：童心；

胆：大胆想象；

练：勤于练习；

吸：批判吸收；

松：身心放松；

夜：利用静夜寻找。

【课后小结】

什么是科学？科学有两个标准，即可重复、可检验，概言之，即是否存在普遍规律。20世纪初，广告行业刚刚成为独立行业之时，做广告或许只是"碰运气"。随着社会发展与科技进步，与上述广告人所处环境已经大不相同，尤其是，广告的重心从销售、文案，向视觉、体验转变。因此，对于创意，一方面，规则仍在打破与重建之中，另一方面，从广告创意发展脉络中，我们仍然可以找到可以延续的内容。

之所以比较广告是艺术还是科学，还由于两者的思维方式不同。一般认为，艺术思维更倚重形象思维，而科学则强调逻辑思维。在当代，伴随新媒介形式层出不穷，广告形式包罗万象，行业分工日趋精细，相应地对广告人的创造性思维也提出新的要求，往往是两种思维方式的结合，但在广告的不同环节则各有侧重。

二、作业

1. 请根据下列广告创意人的倾向，将他们进行分类：克劳德·霍普金斯、阿尔伯特·拉斯克尔、罗瑟·瑞夫斯、大卫·奥格威、雷蒙·罗必凯、詹姆士·韦伯·扬、威廉·伯恩巴克、李奥·贝纳、乔治·路易斯

艺术派：_____

科学派：_____

2. 从下列这些名言中，代表了科学派的观点还是艺术派的观点？

（1）如果广告是科学，那么我就是女人。（乔治·路易斯）_____

（2）我警告你，不要相信广告是科学！（威廉·伯恩巴克）_____

（3）花时间去做调查，结果只能带回"公驴有两支耳朵"的结论，而不会有什么真正的创意。（拉斯克尔）_____

（4）我觉得写广告文案大概跟做全科医生差不多。（罗瑟·瑞夫斯）_____

（5）伟大的创意不能够被测试，只有平庸的才可以。（乔治·路易斯）_____

（6）人们并不真正需要艺术、音乐、文学、报纸、历史学家、汽车、日历、哲学，人们所需要的只是一个窝、一顿饭或一盆火。（罗瑟·瑞夫斯）_____

（7）有趣却毫无销售力的广告，只是在原地踏步；但是有销售力却无趣的广告，却令人憎恶。（李奥·贝纳）_____

3. 经过本课后，你认为你倾向于认为广告是"科学"还是"艺术"？请写出你的理由_____

4. 请选择一位你最欣赏的广告创意人，选择他的著作或者他的传记（参考下列书目）阅读，并写下你的读后感或个人体会。

参考资料：

[1] 林升梁，《美国伟大广告人》，中国经济出版社，2008.2.

[2] 魏炬，《世界广告巨擘》，中国人民大学出版社，2006.

[3] 大卫·奥格威 著，林桦 译，《一个广告人的自白》，中国物价出版社，2003.

[4] 阿尔伯特·拉斯克尔 著，焦向军 译《拉斯克尔的广告历程》，新华出版社，1998.11.

[5] 克劳德·霍普金斯 著，邱凯生 译，《我的广告生涯——科学的广告》，新华出版社，1998.（又：华文出版社 2010 年 9 月也有出版）。

[6] 丹尼斯·希金斯 著，顾奕 译，《广告文案名人堂》，中国财政经济出版社，2002.

[7] 乔治·路易斯 著，何辉 译，《大创意》，中国人民大学出版社，2008.4.（系《蔚蓝诡计》的不同译本）

[8] 广告门网站，《创意者说——与顶级创意人谈创意》，中信出版社，2011.7.

[9] 《龙吟榜》杂志社编，《榜上客：全球 28 位顶级华文创意人谈广告》，中国物价出版社，2001.10.

一个真正的好创意，拥有它自己的力量与生命。

——李奥贝纳

第四讲　广告创意的原则和禁忌
——对创意的评判

第一讲，我们开始思考，什么是创意？我们通过课堂可以学到什么？

第二讲，我们从认识大脑开始，了解我们所具有的神秘力量从哪里来。

第三讲，我们开始了解，曾经有过哪些广告创意人，他们曾经进行过哪些探索。

在这一讲中，我们试图通过赏析广告作品，从得失成败中探悉其规律。

开始创意了，我们组好了自己的团队，整装待发；我们的大脑已经有了丰富的知识储备，只等一声令下，创意就会喷薄而出——你要做的功课是，问问自己，哪些是你心目中的"好广告"和"差广告"？你未来的创意方向在哪里？哪些是你创意中不得不绕开的障碍？这就是我们本讲的内容。

对于广告创意，从广告公司内部的业务角度，也即是纵向角度，我们需要经历：自我检验——内部筛选——客户评估——市场反馈——自我总结这几个环节。事实上，消费者才是最终的评委；从外部的创意和营销角度，也即是横向角度，五花八门的广告奖项如同一个个赛场和舞台，将同一时期不同地域、不同行业、不同媒介载体的创意进行比较，行业的认可是创意影响力的体现，推进着整个行业的前进。

一、创意的原则

怎样的广告可以算是"好广告"？有哪些判断标准呢？

1. ROI 原则——创意铁三角

ROI 原则为广告大师、DDB 广告公司创始人之一的威廉·伯恩巴克（William Bernbach，1911—1982）所提出，分别指关联性（R）、原创性（O）和广告冲击力（I），这一原则在广告界被广为引用。这三个字母简称在财经领域也常常指代"投资回报率"（Return – on – Investment）。

图　威廉·伯恩巴克

此外，台湾广告创意人黄文博在其著作《关于创意，我有意见》中重述了这一观点，将其归纳为"杰出创意铁三角"，也就是关联性、原创性和执行力。

（1）**关联性**（Relevance）

首先，要有关联。广告是一种传播、劝服活动，因此这种关联体现在诸多方面：

广告内容与形式的统一，

符号与意义的统一，

主观表述与客观理解的统一，

广告表现与产品/服务/品牌概念的统一，

广告主传播目的与受众/消费者接受的统一，

……

图　创意"铁三角"

这之间的距离越小，广告就越容易为消费者所理解，广告传播效果也会越显著。

第四讲　广告创意的原则和禁忌——对创意的评判

其次，不仅要有关联，这种关联还要有意义，有内在的戏剧性、趣味性，这是对关联的更高要求。

第三，对于品牌更新的研究发现，品牌不仅从视觉认知角度调动人的感官刺激，还从色彩、味道、声音等多个角度调动人的七情六欲，与受众产生共鸣，这些联想是全方位和立体的。这也意味着，引发消费者联想的范畴不仅局限于视觉联想，还包含因各种刺激带来的其它关联影响。比如，对牛奶香甜的感受，不仅有视觉的刺激，还有嗅觉、味觉，而这些在消费者心中，都是衡量产品质量与品牌个性的指标。

练习：请在下列词语之间，填写若干过渡词。如：凉爽——风扇——扇叶——酒瓶——可乐

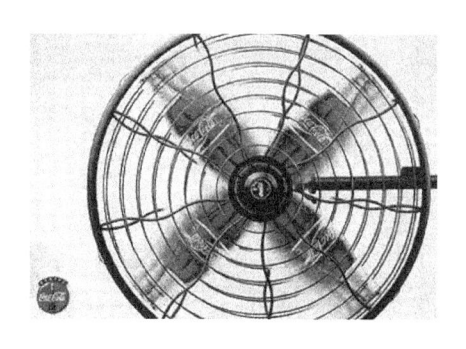

图　可口可乐广告　　　　图　雕牌固齿牙膏广告

案例1：雕牌固齿牙膏广告

雕牌固齿牙膏的诉求点是坚固牙齿，因此广告用盘根错节的树根表现稳固的牙根，用形状建立树根——牙根之间的关联。（如图1）

案例2：高露洁牙膏广告《工具》系列

图　高露洁牙膏广告

55

螺丝刀——_____——牙膏

案例 3：黑人牙膏《风景》

图　黑人牙膏广告

黑人牙膏的诉求点是清新自然，因此广告中借用美丽的自然风景，与牙刷、牙膏形状搭配，让人产生联想。这之间的关系是如何建立的？

风景——_____——牙膏

案例 4：牙膏——笑容

2005 年，佳洁士牙膏启动品牌战略定位"健康自信，笑容传中国"，同期投放的影视广告中，不同身份、不同地区的中国人露出自信的笑容，建立了牙膏与自信之间的关联。2011 年，中华牙膏推出了新的品牌形象，给消费者以年轻、自信的品牌理念。品牌标识变为"我的微笑，闪亮未来"。2012 年，黑人牙膏的广告语也变成了"让灿烂的笑容传遍每个角落"。请填出这之间的联系是如何建立的。

图　佳洁士牙膏标识

笑容——_____——牙膏

（2）**原创性**（Originality）

为什么需要原创？"诗圣"杜甫一生写诗一千四百多首，其中不乏脍炙人口的名篇佳句，他曾用"为人性僻耽佳句，语不惊人死不休"来表明自己作诗的态度。对于广告来说也是如此，创意中的原创是为了引起注意，从而产生记忆。

保持广告的原创是件困难的事情，困难可能来自广告主，因为沿袭成功者的道路更容易"复制成功",或者创意未必与当时当地的品牌策略吻合,导致出彩的创意未必会赢得广告主的青睐;同时,困难还来自广告经营,因为原创性广告意味着付出更多时间、精力、费用,而这未必能为广告公司或创意人带来更高利润,相反,抄袭的成本更低;原创性还意味着广告人自身的挑战,因为创意很容易"撞车"。正如广告创意人杨舸所说,抄袭是一种无能,撞车是一种灾难。

广告原创有多难?1999 年,全球第一家专门收集雷同广告的网站诞生(英文网站):www.joelapompe.net,该网站以时间为序,分门别类地收集了各国创意雷同的广告作品。

案例5:耐克火柴小人与小小动画

耐克公司、耐克(苏州)体育用品公司于 2003 年在中国发布"黑棍小人"(stickman)系列广告,广告中使用的"黑棍小人"形象特征为:头部为黑色圆球体,没有面孔;身体的躯干、四肢和足部均由黑色线条构成;小人的头和身体呈分离状;小人的四肢呈拉长状。广告系韦登迪公司(Wieden+Kennedy)创作。而中国知名闪客朱志强(网名小小),早在 2000 年就创作并发布了网络动画《独孤求败》,并于 2001 年进行了著作权登记,动画主角是"火柴棍小人"。2004 年,朱志强就侵权问题上诉,耐克一审败诉,但在 2006 年终审时认定耐克未构成侵权。从这个曲折的案例不难看出,广告作品要保持原创、认定作品原创,都不是一件容易的事情。

图 耐克广告(左)和小小动画(右)

(3)广告冲击力(Impact)

广告表现要足够震撼,既包括文案,也包括设计、制作的功力。现代广告行业分工更加精细明确，因此广告冲击力能够体现出团队的沟通和协作能力，和对创意的驾驭把控能力，也有表述为"执行力"，含义相近。

在广告行业最权威的创意奖项——法国戛纳创意节（原名戛纳广告节）的评审要求中，原创性、关联性、冲击力和效果这四个要素，是评判广告优劣性的标准。如今，对于广告效果的关注，是在伯恩巴克观念的基础上，对广告创意所提出的更进一步的要求。

2. 广告创意的 SSS 原则

最早由智威汤逊广告公司（JWT）的詹姆士·韦伯·扬（James W. Young，1886—1973）提出，3S 即微笑（Smile）、单纯（Simple）、惊讶（Surprise）。

（1）微笑（Smile）在广告风格上，能给人带来积极感受，产生亲近的感觉。

（2）单纯（Simple）在广告表现上，尽量避免传递复杂、冗余信息。

（3）惊讶（Surprise）注重塑造"情理之外、意料之中"的戏剧效果。

广告大师李奥·贝纳也曾经在他的 88 条"创意圣经"中这样描述：要单纯，还要使人记忆深刻，更要让人乐于注意，读来有趣。（Make it simple. Make it memorable. Make it inviting to look at. Make it fun to read.），也可以归纳为简单、易记、有趣。

二十世纪中期，德国建筑大师路德维希·密斯·凡·德罗曾提出"少即是多"（less is more）、"魔鬼在细节"等建筑设计理念，开创了极简主义风格，他个人于 1929 年所设计的巴塞罗那世博会德国馆，也成为他建筑史上的代表作。单纯，不仅成为建筑艺术设计风格，同时也影响着包括广告设计在内的其它创造性领域。

案例 6：吉普汽车广告

吉普汽车广告的广告语是"There is only one way."，广告画面中，透过酒店窗户玻璃，能看到对面的皑皑雪山，而通往山顶的是玻璃上的水汽划出的一条山路。此广告曾获得亚太广告奖，也是符合 3S 原则的佳作。

3. "黏性"创意的六个原则

据称，这是一个以色列研究组研究的成果❶，富有"黏性"的创意具有以下几个原则，即：

原则一：简约，简约 = 核心 + 精练。

原则二：意外，吸引对方注意，用惊奇；维持对方注意力，用兴趣。

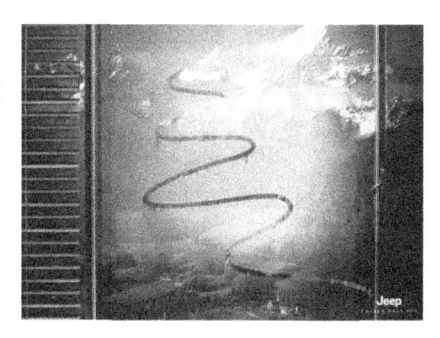

图 Jeep 汽车广告

原则三：具体，让别人听得懂、记得住。

原则四：可信，让别人相信。

原则五：情感，让别人关心在乎。

原则六：故事，激发别人采取行动。

4. 5P、5I 原则❷

5P：国际广告协会（简称 IAA）为优秀广告制订的五条标准：

Pleasure：要给消费者愉悦的感觉；

Progress：要有首创、革新、改进；

Problem：要能为消费者解决问题；

Promise：要有承诺；

Potential：要有潜在的推销力。

5I：国外广告界提出成功广告需要具备的五要素：

Idea：明确的主题；

Immediate impact：直接的即时印象；

Interest：生活的趣味；

Information：完整的信息；

---

❶ 【美】希思 等著，雷静，译.《让创意更有黏性》[M]. 中信出版社，2007.10.
❷ 张印平. 电视广告创作基础 [M]. 暨南大学出版社，2005：23.

Impulsion：强烈的推动力。

5. 创意策略的确立依据

（1）本次广告希望达到怎样的目的和效果？

（2）广告的目标对象是哪些人？他们的人文特征及心理特征是什么？

（3）我们希望目标对象看了广告后激起何种想法、采取怎样的行动？

（4）产品定位、独特点及发展历史情况如何？

（5）产品定位的支撑点以及有助于发展创意的讯息是什么？

（6）广告要给消费者怎样的承诺？承诺是广告的灵魂！

（7）广告要表现怎样的格调？

（8）预算限制、媒体发布的特点及频度如何？

上述内容取自《台湾奥美创意培训材料》[1]，是创意准备阶段需要兼顾的依据。

6. 创意的评估：八个自我检查点

（1）合乎策略吗？

（2）"跳"得出来吗？

（3）目标对象看的懂吗？

（4）看了会喜欢吗？

（5）有记忆点吗？

（6）能做得更精彩吗？

（7）可以完整执行吗？

（8）有别人的影子吗？

这是黄文博在《关于创意，我有意见》中提出的评估标准，针对广告公司的创意人在完成作品后进行自检的过程。这个检查点是从业务流程顺序而言，非常实用。这些检查点与前述的很多原则也有异曲同工之妙。可见，对于创意的评估其实存在着内在一致性。

---

[1] 《广告创意》[M]．方茜著，上海交通大学出版社，2008.1.

第四讲 广告创意的原则和禁忌——对创意的评判

总结：

广告的效果体现在营销和传播两个方面，因此对于广告创意优劣的判断，可以从这两个角度展开：

- 创意表现上，有哪些原则？（传播）＿＿＿＿＿＿＿＿＿＿＿＿＿＿
- 创意效果上，有哪些原则？（营销）＿＿＿＿＿＿＿＿＿＿＿＿＿＿

此外，还需看到，由于身处不同位置，承担不同角色，因此对于广告优劣的判断有时也与身份有关。

- 客户/广告主眼中的好创意？＿＿＿＿＿＿＿＿＿＿＿＿＿＿
- 消费者/受众眼中的好创意？＿＿＿＿＿＿＿＿＿＿＿＿＿＿
- 广告公司/广告人眼中的好创意？＿＿＿＿＿＿＿＿＿＿＿＿＿＿

二、创意的禁忌

广告创意是"戴着枷锁起舞"，广告作品成败固然有很多因素，有些禁忌还是需要注意的，例如以下几个方面。

1. 禁忌一：国际传播中的文化禁忌

文化是一个大概念，与广告传播有关的相关变量具体包括语言、文字、颜色偏好、宗教信仰、传统风俗、种族/民族偏见、性别歧视等。不同的社会、文化环境，对品牌理念有着不同理解，如"龙"的英文单词dragon在西方被视为邪恶的象征；Google在发布正式中文名称前，通常都翻译为"古狗"而不是"谷歌"，后者含义"在山谷唱歌"，与原先中国人的理解其实是不同的。服装品牌贝纳通曾发布大量有争议性的广告，涉及宗教信仰、种族歧视、死刑、艾滋病、政治等不同题材，因此这类广告在发布前，应该做好充分的风险评估和备案。

图　电影《燕尾服》海报

61

案例 7：

（1）成龙主演《燕尾服》电影海报

（2）雪铁龙汽车广告（西班牙《毛泽东》、《拿破仑》广告）

雪铁龙汽车在西班牙投放的广告，由于丑化了中国已故国家领导人毛泽东而遭到华裔抵制，虽然这一广告在西班牙本地合法，但由于经济全球化，雪铁龙汽车公司也不得不撤销广告并通过媒体向中国公众致歉。广告后来以同一风格的拿破仑肖像作了替换。

2. 禁忌二：广告创意表现与销售和品牌个性脱节

广告创意表现与销售脱节，是广告创意中的常见问题，其中原因很多。广告创意奖为行业诟病的原因之一，也是部分获奖广告的创意过于追求广告表现出的艺术性和主创人员的个性，而忽视了广告最终的目的乃是为销售服务——很多广告"叫好"而不"叫座"正源于此。"飞机稿"、"幽灵广告"这类词汇，就源于这类广告。

"广告是为了销售，否则便不是广告。"

——大卫·奥格威

"为得奖而做广告，为艺术而做广告，或者任何广告人闭门造车、自我安慰的广告，都是广告人需要尽力避免的方向。或是不了解产品和消费者，或是不愿意了解，都是不能原谅的事情。"

广告创意是一种控制工作，广告创意是为别人陪嫁，而非自己出嫁，优秀的广告创意人深知这种道理。他们在熟悉商品、市场销售计划等多种信息的基础上，发展并赢得广告运动，这就是广告创意的真正内涵。

我们希望消费者这样说："这真是个好产品"，而不是那样说："这真是个好广告"。

——李奥·贝纳

案例 8：动感地带《卫生巾篇》（14 届金犊奖获奖作品）

图中是学生为动感地带所做的平面广告，该广告曾获得第 14 届金犊奖金奖，广告语"流量再大也不怕"。作为学生作品，这个创意大胆、新奇

第四讲 广告创意的原则和禁忌——对创意的评判

而诙谐，执行力也很强，但如果结合品牌，则协调性并不符合。绝大多数获奖的学生设计作品最终都没有得到采纳，除了广告时机等原因外，这类广告往往因为过于张扬，与品牌内涵有一定差距，虽然容易得到评委的欣赏，却难以得到广告主的青睐。

3. 禁忌三：挑战社会审美、道德底线

部分广告在追求商业目的的同时，有意挑战社会通行的道德准则，以恶俗、色情等方式博得关注，乃至形成负面话题，引起社会争议，增加经营的风险。如果有意为之，既是险招，也可能成为妙招，但对于新手而言，因为缺乏把控能力，并不鼓励运用这一手段。这种方式是最容易挑战到消费者底线的方式，风险很大——与无意冒犯消费者所不同的是，前者或许是无知，后者则出自无所顾忌。

图 动感地带学生广告作品

案例9：森马休闲服饰争议广告

广告语：我管不了全球变暖，但至少我好看！

案例：恒源祥"十二生肖"广告

恒源祥先后在2008、2009年投放了十二生肖版广告，由于广告简单重复，被观众评为当年的恶俗广告。

案例10：2010年春晚汇源等植入式广告

4. 禁忌四：最常见的误解——独创就好？

好广告在创意上是平衡的，过度追求"标新立异"或者创意手段，求怪、求险，不顾受众的接受能力和审美情趣，有时可能会适得其反。广告大师李奥·贝纳曾对此嘲弄："如果你只为了标新立异而标新立异，早上醒来嘴里含着袜子就可以了。"

案例11：北京"天子大酒店"建筑

以上禁忌是出自对广告创意作品的禁忌，台湾广告人黄文博还曾提出

63

过有关创意团队合作的禁忌[1]：

禁忌一：忌过度分工；

禁忌二：忌自我膨胀；

禁忌三：忌挑衅攻击；

禁忌四：忌被动消极；

禁忌五：忌顽固坚持。

对于团队创意合作，《台湾奥美创意培训教材》也提出类似的禁忌，包括：分工禁区、自恋禁区和搞怪禁区。

---

[1] 黄文博. 关于创意，我有意见 [M]. 企业管理出版社，2002.8

第五讲　广告创意的类型和方法
——创意三十六计

广告创意思维是在头脑中形成创意概念，并通过文案、草图等方式进行表述，这时的广告还不出广告公司；而创意表现则是具体实施、执行这个方案，使广告从落在纸面上的方案变成切实的成品，完成从制作到刊播发布的全过程。因此，创意思维会更侧重思路、方法、技巧，而创意执行则注重流程、实施、管理，不同的媒介形式差别很大。

广告的本质是有关商品或服务的信息传播活动，对于广告创意而言，要解决"为什么说"、"谁来说"、"怎么说"的问题。按照这几个要点，我们可以把常见的广告进行分类，而掌握了这些一般规律，对于了解分析广告是有帮助的。

一、广告创意类型——按目的划分

就主题而论，这部分是分析广告要"说什么"的问题。对潜在消费者而言，相比于其它的营销要素，广告的告知作用是最为显著的——用最短的时间，让最多的人了解。

1898年，美国广告学家E. S. 刘易斯提出AIDMA法则，即广告受众从接触到广告到产生购买行为之间的动态过程：A（Attention，引起注意）——I（Interest，产生兴趣）——D（Desire，激发欲望）——M（Memory，强化记忆）——A（Action，促成行动），甚至在购买过程完成后，出于对商品的评估和反馈，这个过程还会影响到下次购买，并通过口碑等方式影响到其他消费者。就目的而言，广告在功能上对上述这些方面有所侧重，例如脑白金广告的大量重复、反复播出，是为强化记忆；而列举其"送礼功能"则是激发欲望；打折促销广告则主要为促成购买行动。也正因为此，常见的广告类型分为产品广告、品牌广告、促销广告。

1. 产品/服务广告

产品/服务广告，通常以告知为主，目的在于建立对产品/服务功能、品质、使用场合和时机的认知，并与竞争对手的产品相区隔，尤其对新产品而言，介绍产品性能功效、承诺品质，都是这类广告常见的表现内容。有些产品类别的广告，如药品类，由于产品的特殊性和消费者的关注点，也多针对产品进行诉求。

案例1：SOKEN DVD 播放机影视广告《杀死比尔》、《泰坦尼克号》、《X..X.X》系列

这是泰国的广告作品，是为 DVD 播放机所做的影视广告系列，为了突出表现产品播放流畅的性能，广告选择了几组在人们工作和生活中聊剧情的场景，夸张地表现了使用劣质产品所带来的各种喜剧效果。广告获得了戛纳金狮、莫比等很多国际大奖。

图 SOKEN DVD 影视广告

2. 品牌广告

品牌广告的主题，从品牌名称、品牌形象等方面都有涉及，目的多为提高产品/服务/品牌的知名度，强化对品牌名称的记忆，引起目标消费者的关注和兴趣，培养品牌偏好与美誉度，最典型的莫过于各种品牌形象广告。品牌广告针对的对象有时会扩大为社会公众，作用会接近于企业公关或公益广告。而对于一些耳熟能详的品牌而言，有些广告则更像是概念广告。

案例2：台湾大众银行影视广告《梦骑士》

台湾大众银行的影视广告《梦骑士》篇，根据真实故事改编，取材于

2007年弘道老人福利基金会发起的"挑战八十、超越千里,不老骑士的欧兜迈环台日记"活动,广告介绍了五个平均年龄81岁的老人,用六个月的时间准备,进行了一次环岛13天、1139公里的旅行。

图　大众银行《梦骑士》广告

3. 促销广告

促销广告,多为配合降价、打折、兑奖等活动而发布,目的在于帮助终端销售增长。由于广告费用、销售地域、时间、广告信息量等原因,这类广告更多见于平面广告、户外广告、直邮广告等。

案例3：宜家家居平面广告

广告文案：五折（Up to 50% off.）

广告形象地展示给消费者商品打五折后的结果——单人床变成双人床,单人沙发变成双人沙发,单门立柜变成双门立柜。这个广告系列获得了2009年克里奥广告平面类铜奖和2009年戛纳广告户外类铜狮奖。

二、广告创意类型——按"角色"分

广告是信息传播活动,目的为劝服,因此广告一般会从旁观者的角度出发,以说服广告受众。在广告中,即便是同样的信息,经不同人之口来表达会产生不同的效果，这和广告的趣味性、亲和力、可信度等因素都有直接关系。

1. 名人代言

名人代言是常见的代言人方式，名人包括影视娱乐明星、节目主持人、体育明星、网络红人、不同领域的专家、企业家、公知等，这些代言人能建立起品牌与消费者的高度关联，提高品牌认知度，使消费者对品牌产生好感，帮助记忆，甚至让目标消费者受到代言人推介的感召，最终带动消费购买行为，坚定重复购买的信心。

有的名人代言是由于名字和形象，成为品牌的重要标志，如代言洗发水品牌百年润发的影星周润发；有的是因为名声，如企业家王石代言过全球通、摩托罗拉、大众汽车等；有的是因为职业身份或角色，如以扮演皇帝而出名的演员张铁林，就常在各类广告中以"皇帝"身份推荐商品，而常扮演农民的小品演员赵本山在广告中则常以农民身份出现。

在广告中，明星多以推荐者的身份出现，由于自身的口碑和在目标消费群中的影响力，更容易让他们赢得信赖。专家代言则凭借在特定领域的专业知识，更有权威性，帮助树立或改变消费观念。

在不同国家和地区，对于代言人有着不同的要求，例如我国在医药广告中对名人代言需谨慎，广告中不允许出现政府领导人物形象；还有的国家对于皇室成员、种族、宗教职业等有一定约束。

图　霸王洗发水广告

但明星代言也有一定风险，包括代言人的品行、人气、突发事件、所代言的其它商品等，这些因素或多或少会影响到明星所代言的品牌。如山木教育培训机构，不仅因创办者宋山木的名字命名，更以其肖像作为公司标志，但2010年因为宋山木本人身陷丑闻，直接导致公司形象受损，公司迅速更换标志。同样，"疯狂英语"的创始人李阳，也因为家暴事件而受到影响。这些相关事件与其培训服务本身虽没有直接关联，但都影响到品牌自身。

案例 4：成龙霸王洗发水广告

2. **虚拟代言人**

虚拟代言人包括卡通形象代言、动物代言等方式，例如麦当劳叔叔、七喜 Fido 小子、百威啤酒中的青蛙和蚂蚁等。

相比名人代言而言，这种方式的优点包括成本更低、更容易控制，生命周期也更长久，更容易产生认知和记忆，可以根据大众的审美和地域性进行调整，还可以直接纳入到企业 VI 设计中等。但不足之处在于，虚拟代言人的虚拟身份，个性的不确定性等因素，使得虚拟代言人并没有实际的名人代言那样形象丰满，富有张力。如果要让虚拟代言人更接近真实的代言人，从二维、三维的形象设计，到声音、动作、个性性格的设置，都不是一件容易的事情。

案例 5：金霸王电池影视广告《小兔赛跑篇》

广告情节出自童话故事，装有金霸王电池的玩具兔，一连与几只装有其它电池的兔子赛跑，虽然这些小兔用"替身"跑接力，但金霸王小兔依然动力强劲，战胜了对手。

3. **普通消费者**

让普通消费者代言，虽然没有名人代言的影响力和感召力，但却更有亲和力和可信度，广告成本更低，还会避免明星代言的很多不确定因素，因此这也是常见的方式之一。广告中出现的这些普通消费者，往往以特定的职业、身份出现，与目标消费人群相符，拉近了品牌与消费者的距离，以自己的亲身体验说服广告受众，从而让他们赢得信任。

案例 6：康齿灵固齿牙膏《老太太杂技篇》

广告文案：老太太今年六十八，可她一口绝活顶呱呱。

看，刀子转，那个碟子转，刀子碟子一起转，你眼花又缭乱。

可她丝毫不差一点点，为什么呢？

"牙好呗!"

康齿灵对中老年人坚固牙齿有帮助,

咱康齿灵有强健牙龈的好功夫!

六十岁,照样上台。

好牙齿靠康齿灵!康齿灵,固齿牙膏。

康齿灵固齿牙膏主要针对中老年的护齿问题,这则广告创意以评书的方式,通过一位老年杂技演员之口,现身说法,对消费者而言更值得信赖。广告主创人员正是通过读者来信获得启发,完成了这则广告创意。

4. 产品

通过产品自身的表演来表现其产品/服务的特点,并不容易做到,不过也有例外。

案例7:本田雅阁汽车影视广告《齿轮》

广告由数个汽车零部件联动而成,有如多米诺骨牌一般,直到最后出现了本田雅阁汽车。广告新奇大胆,由韦登迪公司的伦敦分公司创意,据说这个广告一共拍摄了605次而没有使用任何电脑绘图辅助,在工作室花费四天四夜拍摄而成。

案例8:世界最长的广告:蜡烛广告

由麦肯广告公司在比利时播出的这则电视广告申请了世界吉尼斯纪录——世界上最长的广告。整个广告持续了7小时22分钟,在比利时VT4频道播出。全片一个固定镜头,原样播出了这支蜡烛从被点着到燃尽熄灭的全过程,蜡烛不淌油、无烟、耐烧的特性在广告中得到真实表现。

5. 综合

广告中,既有不同代言人,同时产品也得到充分展示,是这类广告的共性。

案例9:M&M巧克力豆《摄影棚篇》

广告中,MM巧克力豆中的一对好友黄豆豆和红豆豆都想当明星,结果碰到了导演冯小刚,因为美味,他们几乎要被剧组工作人员抓住。

三、广告创意类型——风格

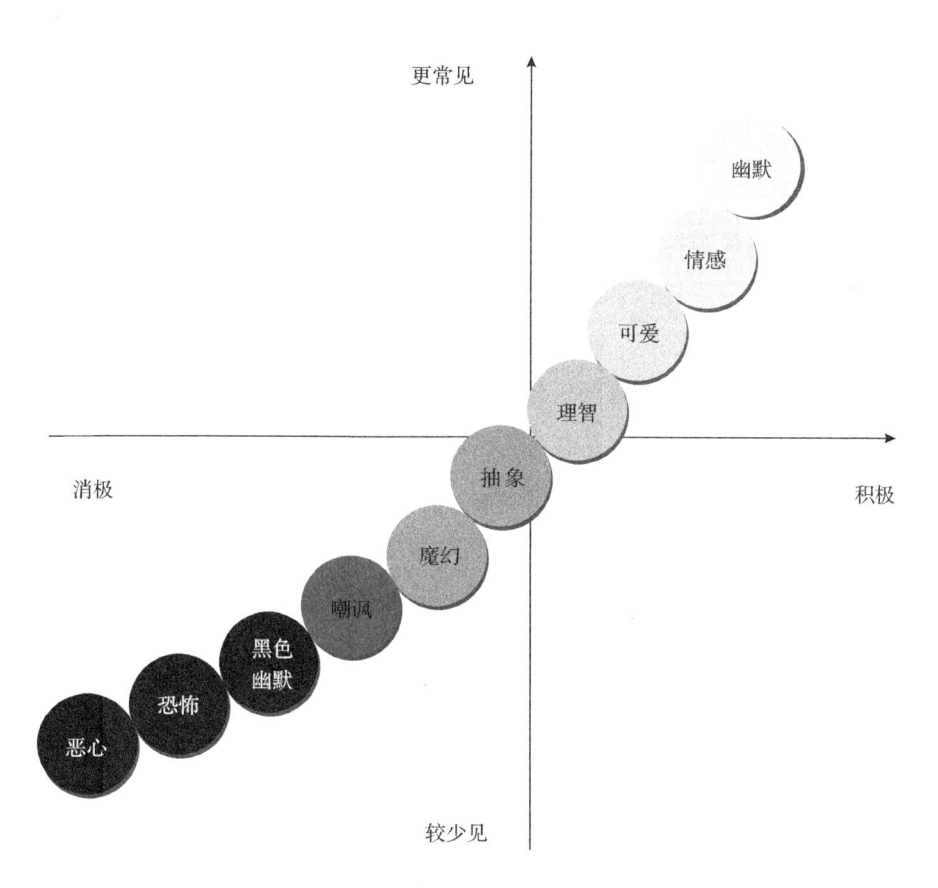

图 广告创意的风格类型

广告创意除了明确目的和对象,还需在风格上贴合品牌个性,充分利用情感因素,调动广告受众的情绪。情感通常包括亲情、友情、爱情、爱国情怀、民族情义等,但情绪则包括快乐、忧愁、恐惧、荒诞、平静、兴奋等。

如果把广告风格从正向积极的情绪,到负向消极的情绪,对应广告出现频率进行排序，往往会得到类似图中的坐标系。多数广告更倾向于在正向的区间内，体现主流的价值观、审美情趣和公序良俗，也更容易得到多数消费者和社会公众的认同。在坐标系中，后续的几种属于不常见类型，这与品牌有关——如贝纳通、索尼PSP游戏机、凌仕男用香水等，常常会选择风格迥异甚至有争议的广告。应该指出的是，那种为了搏出位而有意为之的"重口味"广告，需要慎之又慎，充分做好风险评估。

1. 幽默型

这种情绪最容易引起受众的关注，并调动广告受众的积极情绪，或让他们捧腹大笑，或让他们会心一笑。在获奖广告中，这类广告尤其多见。"情理之中，意料之外"是其最经典的结构类型，多凭借故事情节取胜，各种生活趣事、误会、尴尬、政治笑话等，通过夸张的情节和表演，让受众放松心情的同时，还会受到广告的感染。

这类广告最大的优点是广受欢迎，印象深刻，不足是容易让观众回味情节的同时，忘记产品。此外，由于文化背景、社会习俗的不同，对于幽默的标准和尺寸，各国也不尽相同，这也是这类广告创意需要谨慎的地方。

案例 10：箭牌口香糖影视广告《嚼吧》

广告内容简单，通过"表情帝"杨迪的各种夸张表情，配上卡通背景，建立都市年轻人"有压力"和"嚼口香糖"这两个事物的联系。

案例 11：康联人寿保险《撒切尔夫人摔跤篇》

据新闻报道，英国前首相撒切尔夫人在访华期间，曾在人民大会堂门口不小心摔跤，这个时政新闻的细节在广告中被夸大：撒切尔夫人飞出的一只高跟鞋不幸砸中了现场的工作人员。这是香港康联人寿保险公司的广告。

案例 12：Channel 电视台影视广告《皇帝的征程》

广告用截取的《帝企鹅日记》解说词，对应人们想象的画面，产生了误解，有趣地表现这种"文不对题"。百闻不如一见，真正的影片应该实际看过才知道。

2. 情感型

情感型广告重在以情动人，小到亲情、友情、爱情，大到国家情怀、追求真善美、崇尚大自然、爱好和平，都可以融入广告中，引起受众的共鸣。这是我们常见的类型，尤其是品牌形象广告、公益广告中经常运用。大山大水、怀旧、爱情，是国内这种类型广告最常用到的元素。

案例 13：芬必得影视广告《爱心学校》

芬必得是中美史克旗下的止痛类药品，《爱心学校》系列广告用到真实的人和事——北京民办学校校长石清华和 103 个流浪儿的感人故事。由于取材真实，创意很好地结合了芬必得和这个爱心故事，配合公关新闻，使得广告非常容易得到消费者的认同。

案例 14：力波啤酒影视广告《我爱上海篇》

力波啤酒是上海本土的啤酒品牌，广告用广告歌的形式，表现普通的上海都市青年，见证了上海几十年间的发展变化，结尾语为"我在上海，力波也在"。怀旧广告更容易引起中老年人的共鸣。

3. 可爱型

童真童趣、卡通动漫、小动物，是这种类型广告中最常用到的要素，用流行语来说，就是"萌"。这种广告风格轻松活泼，更容易得到年轻人、儿童、女性的偏爱，广告也很少引发争议。但不足是，对情节和广告主角的关注，可能会影响对广告信息的接受，以致喧宾夺主。

案例 15：依云矿泉水影视广告《水娃篇》、《摇滚宝贝篇》、《Baby Inside》、《和我跳舞篇》四支

图　依云矿泉水广告

案例 16：七喜饮料《卡通系列》

4. 理智型

多用写实方式，如解说、新闻、演示等说明道理，风格传统保守，以理服人，可信度较高。

案例 17：ENO 泡腾片《盐酸篇》

实验人员用泡腾片与盐酸混合，然后若无其事地喝下了杯中的液体。广告用长镜头方式，更严谨地表现这种胃药如何中和盐酸的特效，很有说服力。

案例 18：汰渍洗衣粉《郭东林系列—烧烤篇、火锅篇》

汰渍洗衣粉主要针对的是城市普通家庭的家庭妇女，因此广告设置了几个常见的最容易弄脏衣物的场景：吃火锅时不小心溅上油污、社区食品摊点、烧烤等。

5. 抽象型

这类广告风格特立独行，强调艺术、美学、哲学概念，抽象甚至晦涩怪异，画面精致唯美。比较典型的如台湾意识形态广告公司为中兴百货所做的系列广告。

案例 19：中国银行《竹林篇》系列

这个系列一共五支影视广告，是林少芬的成名作，获奖无数，之后带动了一批

图　中国银行系列广告

仿造这个风格制作的品牌形象广告。广告通过画面感极强的竹林、高山、江河、麦田等场景，表现中国银行的品牌。

《河流篇》文案：止，而后能观。源远流长。（歌词）小河湾湾，江水蓝蓝，越过原野，穿过山岗。小河湾湾，江水蓝蓝，流呀流呀，千百里长……

《竹林篇》文案：止，而后能观竹动。风动。心动。有节，情义不动。

《麦田篇》文案：止，而后能观丰饶。勤奋。富而不骄。

案例 20：苹果电脑《1984 打破平凡篇》

英国左翼作家乔治·奥威尔在 1949 年出版的政治寓言小说《1984》中，描述了人们在强人政治下被监视奴役的故事。苹果电脑以这个故事为

蓝本，与竞争对手IBM抗衡，暗讽对手，广告在超级碗杯广告中投放，并取得了强大的传播效果，成为广告史上的经典之作。

6. 魔幻型

魔幻：内容有关怪力乱神，风格离奇，有时情节诡异，给人印象深刻，但有时容易让人不知所云，从而冲淡甚至误导消费者对产品和品牌的印象。

案例21：斯米诺夫香槟《婚礼篇》

案例22：万事达卡《电影篇》

案例23：中国联通《宽带篇》

7. 嘲讽型

讽刺：风格和幽默接近，但是嘲弄的意味更浓，既有讽刺竞争对手的，也有自嘲揶揄的；既有讽刺大人物的，也有讽刺生活中的小人物的。

案例24：Tina奶油《母子篇》

8. 黑色幽默

与幽默的积极面不同，黑色幽默虽然同样能调动观众的情绪，但故事结果的负面意味更明显，往往以社会公认的严肃命题开玩笑，如死亡、疾病、道德及性。这类广告一方面担心触犯禁忌，另一方面又希望通过冲破现存社会标准来传播自己的观点。

案例25：老虎在线赌博《意外篇》

案例26：福克斯体育频道《本地体育节目》

9. 恐怖型

恐怖型广告一般借用鬼怪、凶杀、怪兽等题材，但为了受众的观感，往往会加入幽默的元素，以减小恐怖的消极作用，因此更像是恶作剧一般。这种形式的优点是引人入胜，缺点是会给部分消费者带来不良观感，且容易把这种消极情绪卷入对产品或品牌的感受中。

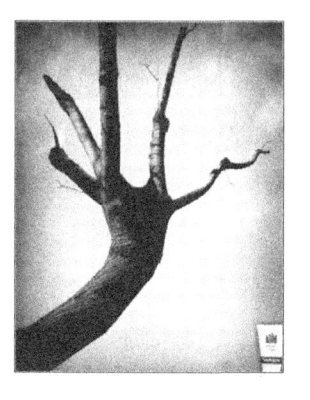

图 护手霜广告

案例 27：护手霜广告系列广告

如果不保护好双手，那么皮肤会变成怎样？广告用恐吓的方式，把不保护好皮肤的恶果用图像的方式形象地呈现出来。

案例 28：耐克影视广告《电锯杀人狂篇》

广告源于恐怖悬疑电影《电锯杀人狂》，浴室突现蒙面杀人狂，女子惊叫着跑到室外，得以成功逃脱，广告语"运动能让人活得长久"，一语双关。

案例 29：台湾中兴保全影视广告《多屏篇》

中兴保全是台湾一家保险公司，其广告采用恐怖诉求的方式，用多个屏幕展示一个小偷进入家庭试图行窃，恰逢女主人开门，加之背景音乐，用另一种方式进行警告：想要家庭安全，应该买中兴保险。

10. 恶心型

通过恶心的画面刺激广告受众，从而达到恐怖诉求的目的，是这类广告的特点。不过，显而易见的是，这类广告出现概率很小，但少数大胆、风格独特的广告主也有尝试。除了与品牌、目标人群特性有关外，这种广告类型还存在文化差异的问题，与消费者所在地的社会习俗和文化也有关联，因此这类创意需谨慎，或者选择网络视频广告这类小众化平台。

案例 30：索尼 Play Station 游戏机广告《厨房篇》

法式大餐的后厨操作间，一位衣冠楚楚的厨师用最令人作呕的方法调配出几道经典的法式大餐，最后打出的字幕"Please Stay at home"化为 Play Station 的缩写 PS，意即，与其外出接受不明不白的消费，还不如待在家享受游戏机的乐趣。

案例 31：PSP 广告

这个 PSP 的平面广告象征着游戏玩家的重生，创意点新颖，获过很多创意奖，但画面还是让一般人难以接受。不过对于 PSP 而言，这种备受争议的效果也正是广告所想追求的，这与目标消费

图　PSP 广告

人群的特征有关。

案例 32：亨氏沙拉酱《匹萨饼篇》

宾馆打扫房间卫生的年轻人发现房客扔下的匹萨，他不仅没有丢弃，反而加上亨氏沙拉酱，津津有味地享用。这种强烈的对比，可能不是普通电视观众能接受的。

四、广告创意中的修辞

修辞本身是语言学的范畴，简单讲即是修辞词语，文学中常见的修辞手法包括比喻、拟人、夸张、排比、对偶、反复、设问、反问、对比、借代、引用、双关、反语、顶针等。但需要说明的是，这样的修辞手法，不仅体现在与语言学相关的广告文案中，也同样体现在广告视觉表现部分，包括平面广告、影视广告等。

1. 夸张

夸张是广告最常用的修辞手法，适度的夸张对于强调产品或品牌的特点是有效的，但过度的夸张容易被视为虚假承诺或虚假广告。尤其在英国等国家，对于夸张广告的评估裁定非常严格。

案例 33：苏菲卫生巾广告

图　苏菲卫生巾广告

广告夸张地表现了卫生巾强大的吸水功能。

案例 34：Fiat 汽车广告《大容量》（如图）

图　Fiat 汽车广告（三幅系列）

77

案例 35：凌仕男用香水广告（如图）

凌仕的广告一向以夸张大胆而称著，这个系列广告艺术地夸大了香水对异性的吸引，以至于主人公彼此都忘记了安全隐患。

2. 排比、递进

案例 36：益达口香糖影视广告《酸甜苦辣》系列

图　凌仕男士香水广告

排比、递进在广告文案中时有体现。作为系列广告，其作用也类似于排比性质。例如益达口香糖的"酸甜苦辣"系列四支广告，就通过与男女主人公的情感故事，交错地把四条故事线索、情感性格和产品的特性结合在一起，容易让电视广告观众记住并引起共鸣。

3. 比喻、比拟、通感

某些广告为突出产品的特殊功能，会采取比喻的方式将产品卖点形象地展示出来。

案例 37：Braun 剃须刀广告

这是个诙谐有趣的广告系列，广告语为：把动物变成人类。早八点时，没刮过胡子的男人还像猩猩、狒狒一般，只需五分钟，他们就变成了"人样"。广告找到的动物表情与人惟妙惟肖，用来比喻长满胡子的男人还真是有几分像。

图　Braun 剃须刀广告

案例 38：洗涤剂广告

这个洗涤剂广告突出表现其环保功能，洗衣机中的袜子仿佛置身于海水中的热带鱼一样，在水草间出没。

4. 双关

双关是汉语修辞手法，分为语意双关、谐音双关和

图　洗涤剂广告

语法双关，这在广告文案中也多有体现，可以增强广告的艺术表现力，有助于提高消费者的兴趣和记忆。此外，也可以据此设置生动有趣的故事和场景，以突出表现商品的特性。在其它国家和地区，也有类似的表现手法。

农夫果园饮料的广告语"喝前摇一摇"，和广告中父子俩扭屁股的幽默场景一语双关；婷美内衣广告"做女人挺好"，把女性对于形体美的需求用隐晦的方式表达出来。谐音双关的广告语应用较普遍，如打字机广告"不打不相识"、咳嗽药广告"刻不容缓"变成"咳不容缓"、灭蚊广告"默默无闻"变成"默默无蚊"，都被视为经典广告语。当然，双关语还要顾及可能带来的不利的社会影响，例如滥用谐音双关造"错别字"，可能会给中小学生语文学习带来困扰。更有甚者，在广告语或品牌名中用双关引发不好的联想，如国内某止泻药胶囊广告用"泄停封"与明星人名谐音，某整形医院将"周立波"变成丰胸广告等，这类广告不仅是低俗，更可能涉嫌违反广告法规，这些是要在创意中尽力摒弃的。

5. 反语

案例39：冲浪器材广告《坏天气》

广告画面和文案都相当简洁：晴空万里的海边，看似好天气，但对于冲浪爱好者而言，这无疑是"坏天气"（bad day）。

图　冲浪器材广告

五、常见的广告创意元素来源

1. 生活体验、采录

案例40：《知识改变命运》系列公益广告

《知识改变命运》系列广告，是1998年由李嘉诚以及长江实业、和记黄埔集团投资拍摄、中央电视台播出的大型公益广告片。广告片由顾长卫执导，共有40条，每条1分钟，整个广告采用纪录片式的拍摄方式，摄制队先后走访中国近20个省级地区，在内地及香港各阶层选出40位人士成为拍摄对象，既有李嘉诚本人、杂交水稻之父袁隆平、张海迪等社会成功人物，也有名不见经传、但通过知识改变自己和身边人命运的小人物，每条片子都成为一个完整而感人的励志故事，广告播出后引起巨大社会反响。

2. 电影、电视剧

由于电影与电视的高关联性，很多广告直接借用热播的影视剧场景和角色，植入品牌或产品信息，可以起到借力打力、省时省力的作用。

案例41：VISA 信用卡影视广告《餐馆篇》

影片《卧虎藏龙》是2000年上映的华语武侠电影，在国内外票房和口碑获得双赢，2001年，VISA 信用卡推出影视广告《餐馆篇》，并在亚太区播出。片子仿造《卧虎藏龙》的武打片段，影片主角之一章子怡成为 VISA 的代言人，巧妙地借用了电影的知名度为企业进行宣传。

无独有偶，三星 DVD 在影片《十面埋伏》上线之际，也播出由章子怡主演、与电影内容相关的影视广告。

案例42：农夫汽茶影视广告《打劫篇》

这个影视广告是农夫汽茶在产品上市之初播出，为了突出产品"底气十足"的特色，片中卖饮料的大妈，底气十足地喝退了前来打劫的笨贼，噱头完全仿造电影《天下无贼》和《功夫》中的搞笑桥段。

3. 传说故事、童话、神话、小说等

神话传说、流行小说、童话故事、漫画、新闻轶事、社会热点等，都可以作为创意的来源。丰田汽车进入中国时，广告

图 农夫汽茶广告

语"车到山前必有路，有路必有丰田车"巧妙地将汽车名称与中国俗语结合，让人印象深刻，同时也增强了中国消费者的好感。

案例43：雅虎电子邮件《有毒篇》

这个经典的广告，以三国传说中诸葛亮与司马懿的故事为原型进行演绎，故事结构简洁新奇，贴合服务特性，曾获时报华文奖等多个奖项。

5. 已有的广告

广告创意同时还可以从已有的广告中受到启发，这些广告已经创造的知名度，为新广告打下了良好基础。苹果《1984》的广告堪称经典，李宇春代言的凡客广告中，借用苹果广告，吸引八零后，广告只有简单的文案"生于1984，我们是凡客"，显得个性十足。

案例44：山姆大叔与征兵广告（左图）与巴黎水广告（右图）

山姆大叔（Uncle Sam）原是19世纪英美战争期间，在纽约起家的一位食品供应商，因为名字缩写为U.S.，逐渐成为美国人的象征，并在报纸杂志、文学作品和漫画中多次出现。在二战中出现的这则知名的征兵广告，就采用了山姆大叔的形象，广告语为"我希望你参加美国军队。"（I want you for U.S. Army），这个广告也被认为是美国最知名的海报招贴广告。

右图是巴黎水的广告，画面中，身穿T恤的男子，服装背面图案恰好是山姆大叔这幅广告，只是文案不再是参军主题，而是山姆大叔也要喝巴黎水。

图　山姆大叔征兵广告（左图）与巴黎水广告（右图）

> 我们的大脑是这样工作的——运用图像和网络般的联想；
>
> 思维导图是这样工作的——运用图像和网络般的联想。
>
> ——托尼·博赞

第六讲 视觉化的创意工具
——思维导图

一、思维导图概述

1. 思维导图产生的背景

正如前文所介绍，思维导图是英国人托尼·博赞（Tony Buzan）的发明，他毕业于美国哥伦比亚大学，拥有心理学、语言学、数学等多个学位，在大脑和记忆方面是超级的作家。

他在有关思维导图的著作中回忆："很小的时候，我非常喜欢学习和记笔记。然而十几岁时，我的思维变得一团糟，我开始讨厌与学习有关的一切事情，特别是记笔记。我发现了一个悖论，即我记的笔记越多，我的学习和记忆力越差。为了改善这种情况，我开始在关键的词语和观点下面画上红线，并将重要的地方画上方框。我的记忆力奇迹般地提高了。"在他上

图 托尼·博赞

大学一年级时，再次遭遇类似的问题，他发现周围人都面临类似的问题，传统的笔记并不能有效管理和激发人们的思维，他开始寻求解决的途径。希腊人发明的记忆方法启发了他，达·芬奇笔记中的图形、代码和连线给了他更多启发，他认为人脑思维是自然的一部分，因此思维和记忆的方法也应该和自然贴合，遵循自然的规律。他说："我开始寻找一种思维工具，它能给我们的思维以自由，能让我们按照自己的思维方式去自由地思考。"就这样，思维导图诞生了。

他将这个发明带到工商界——思维导图被微软、IBM、通用汽车、汇丰银行、甲骨文、英国石油、强生、惠普、波音、施乐等多家公司采用，他是英国奥运划船队及国际象棋队的顾问；他是世界记忆锦标赛和世界快速阅读锦标赛创始人，被称为英国的"记忆力之父"、大脑先生（Mr. Brain）。他也将"思维导图"这个工具带到教育界——他曾在大学开设"创新思维"和心理学课程，在伦敦教育局取得特殊教师的职位，专门从事教育"学习障碍症"儿童和天才少年等特殊学生的教育工作，在他的活动推广中，曾同时给几千个十来岁的青少年上课，被称为"最大的课堂"，并曾来到中国推广其著作和思维导图工具。

思维导图是一个应用广泛的大脑开发工具，注重形象性和联想，但它本身不能替代创意创想。产生创意依然依靠个人知识的积累，而非空想。另外，思维导图也无法评判筛选创意，这是其局限性。

2. 思维导图的理论基础

（1）思维导图和大脑的

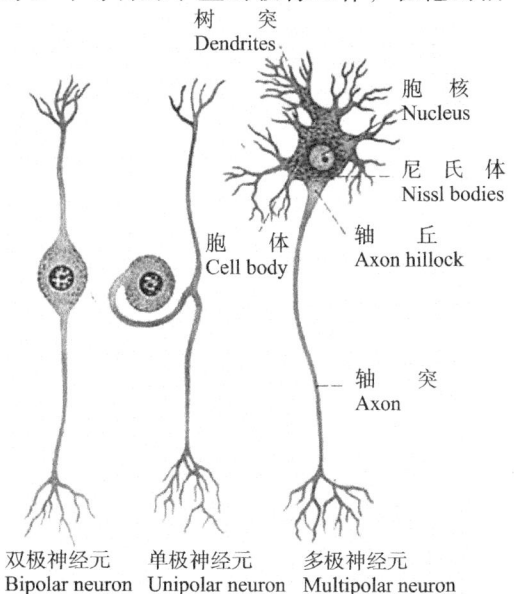

图 神经元细胞

关系

右上图所示是我们大脑的神经元，它是神经系统的基本结构和功能单位，具有感受刺激和传导兴奋的功能。

人的大脑就是由许多这样的神经细胞所组成，它们盘根错节，纵横交错，形成了一张无限"链接"的信息网络。在人脑中，生物电信号从一个细胞传导到与之邻接的其它细胞，于是，我们便有了思维。

托尼·博赞认为，人脑思维是自然的一部分，因此也应符合自然规律而不是违背它。他发明的思维导图，与人的神经元细胞有着异曲同工之处与大脑一样运用图像和网络般的联想。思维导图由唯一的中心，几个关键词，连线，不同的色彩，能引起联想的图案等几个要素组成，对比神经元细胞可见，思维导图的中心好比神经元细胞的细胞核，连线好比不同的轴突，通过这些轴突与其它细胞建立联系，并共同形成网络，而用不同的色彩和图案标识，则更容易刺激我们的右脑，有助于记忆和联想。

（2）思维导图中的联想、归纳

思维导图产生的基础是人脑的两个基本功能——联想、归纳。正如他在书中回忆，在发明"思维导图"的过程中，托尼·博赞曾从数学、语言、心理学等方面，甚至到达·芬奇的笔记中寻求灵感。

思维导图的每个分支，都不再是整句话，而是归纳为关键词和小图案，而每个分支，都是以联想和想象的形式伸出新的"触角"。图形和色彩刺激我们的形象思维，在不同关键词间，还有表征其关联性的连线。思维导图可以无穷无尽地画下去，正如我们大脑的联想也无穷无尽一般。

（3）思维导图的优势

思维导图被称为大脑的"瑞士军刀"，这个称谓和它的多功能是分不开的。思维导图对思维能力有激励作用，具体表现在，首先，思维导图有利于增强使用者的超强记忆能力，托尼·博赞也被称为"记忆之父"，他开创了世界记忆锦标赛；同时，思维导图还能增强使用者的立体思维能力，尤其是思维的层次性与联想性，通过思维导图的展开过程，我们首次用文字结合图像的方式，最大可能地整理我们的思路，通过无限延展的导图，挖掘我们思维的潜力；第三，思维导图还可以增强使用者的总体规划能力，类似"效率手册"的功能一样，对事件和时间进行有效规划安排。

3. 思维导图与广告创意

正如托尼·博赞在他的书中所说，思维导图是放射性思维的自然表达，是一种非常有效的图形技术，是打开思路、挖掘潜能的钥匙。思维导图能：

（1）鼓励更多想法：创意的过程需要短时间内迸发出更多创意，然后进行筛选，从这个角度看，思维导图和头脑风暴有着共通之处，并且可以共用；

（2）刺激右脑：思维导图通过色彩、图像等方式，从图像上看更容易激发发散性思维，有助于右脑的形象思维；

（3）鼓励联想与想象：联想和想象是广告创意思维的常用途径之一，思维导图以关键词、连线的方式，打通不同领域，鼓励各种相关联想和发散想象；

（4）有助于整理创意：与普通文字记录相比，思维导图更形象、具体，有利于创意人在创意联想后整理自己的思路，以及创意人之间顺畅沟通。

4. 创建思维导图的方式

（1）手绘，借助彩笔、签字笔等书写和绘图工具进行。
（2）电子计算机，安装相应软件后即可进行。
（3）利用各种电子终端，如智能手机、平板电脑等。目前，市场上已有多种思维导图软件及应用 APP。

二、手绘思维导图

1. 事前准备

无论是采用手绘还是借助电子设备，思维导图在本质上毫无差别，只是在视觉效果上稍有差异，最重要的还是头脑当中的内容。思路越清晰，思维导图就能做得越快、越好。手绘方式的优点是更直接、更方便、且容易执行，不足是不太好修改，视觉效果稍显零乱，边际有限；思维导图软件能完成几乎所有的思维导图功能，输出结果也比较统一，存储方便，对于层级较多的导图，可以分级或自由伸展，不会出现边际不够的情况，不足是不够直接、方便。对于广告创意的思维导图而言，我个人推荐手绘，如果愿意通过电脑完成，同样可以在手绘的基础上整理后，通过电脑输出。

本讲我们要准备的工具：

A4 白纸一张；

彩色水笔和铅笔；

你的大脑；

你的想象！

2. 手绘步骤❶

（1）从白纸的中心开始画，周围要留出空白。

从中心开始，会让你大脑的思维能够向任意方向发散出去，以自由的、自然的方式表达自己。

（2）用一幅图像或图画表达你的中心思想。

"一幅图画抵得上上千个词汇"，它可以让你充分发挥想象力。一幅代表中心思想的图画越生动有趣，就越能使你集中注意力，集中思想，让你的大脑更加兴奋！

（3）绘图时尽可能地使用多种颜色。

颜色和图像一样能让你的大脑兴奋。它能让你的思维导图增添跳跃感和生命力，为你的创造性思维增添巨大的能量。此外，自由地使用颜色绘画本身也非常有趣！

---

❶ 东尼·博赞. 徐克茹、张鼎昆，译. 大脑使用说明书，[M]. 北京：外语教学与研究出版社，2005.4.

（4）连接中心图像和主要分枝，然后再连接主要分枝和二级分枝，接着再连二级分枝和三级分枝，依次类推。

所有大脑都是通过联想来工作的。把分枝连接起来，你会很容易地理解和记住更多的东西。这就像一棵茁壮生长的大树，树杈从主干生出，向四面八方发散。假如主干和主要分枝、或是主要分枝和更小的分枝以及分枝末梢之间有断裂，那么整幅图就无法气韵流畅。记住，连接起来非常重要！

（5）用美丽的曲线连接，永远不要使用直线连接。

你的大脑会对直线感到厌烦。曲线和分枝，就像大树的枝杈一样，更能吸引你的眼球。要知道，曲线更符合自然，具有更多的美的元素。

（6）每条线上注明一个关键词。

思维导图并不完全排斥文字，它更多地是强调融图像与文字的功能于一体。一个关键词会使你的思维导图更加醒目，更为清晰。每一个词汇和图形都像一个母体，繁殖出与她自己相关的、互相联系的一系列"子代"。就组合关系来讲，单个词汇具有无限的一定性时，每一个词都是自由的，这有利于新创意的产生。而短语和句子却容易扼杀这种火花效应，因为它们已经成为一种固定的组合。可以说，思维导图上的关键词就像手指上的关节一样，而写满短语或句子的思维导图，就像缺乏关节的手指一样，如同僵硬的木棍！

（7）尽可能地使用图形。

每一个图像，就像中心图形一样，相当于一千个词汇。所以，假如你的思维导图里仅有 10 个图形，就相当于记了一万字的笔记，所以，尽可能地使用图形。

3. 绘图技巧

就像画画需要技巧一样，绘制思维导图也有一些自己独特的技巧要求。这里所列出的只是最为基本的几点，更多的内容大家可以直接去《思维导图丛书》中寻找。

（1）最好把纸张横过来放，因为这样宽度更大些；

（2）在纸的中心，画出能够代表你心目中的主体形象的中心图像，让注意的焦点清晰地集中在中央图形上，再用彩笔尽情任意地发挥你的想象。

（3）绘画时，应先从图形中心开始，主题的主干作为分枝从中央图形向四周放射，画一些向四周放射出来的粗线条，各分枝形成一个连接的节点结构。

（4）每一条线都使用不同的颜色，这些分枝代表关于你的主体的主要思想。在绘制思维导图的时候，你可以添加无数根线。在每一个分枝上，用大号的字体清楚地标上关键词或图标。这样，当你想到这个概念时，这些关键词立刻就会从大脑里跳出来。

（5）要善于运用你的想象力，改进你的思维导图。

（6）利用我们的想象，使用大脑思维的要素——图画和图形来改进这幅思维导图。"一幅图画顶一千个词汇"，它能够让你节省大量时间和精力，从记录数千词汇的笔记中解放出来。同时，它更容易记忆。要记住：大脑的语言构件便是图像！

（7）在每一个关键词旁边，画一个能够代表它、解释它的图形。使用彩笔以及一点儿想象。它不一定非要成为一幅杰作——记住：绘制思维导图并不是一个绘画能力的测验过程。

（8）用联想来扩展这幅思维导图。

（9）对于每个人来讲，每一个关键词都会让他想到更多的词。

（10）根据你联想到的事物，从每一个关键词上发散出更多的连线。连线的数量取决于你所想到的东西的数量——当然，这可能有无数个。

4. 注意事项

对于初学者而言，绘制思维导图需要注意几点：

（1）大胆绘图，尤其对于没有美术功底的人而言，不要担心图像不够漂亮，思维导图不是比拼美术功底，而是为了用图像激发脑中的创意。

（2）练习时可以尝试各种不同的方式，比如在规定时间完成最多创意、同一题目绘制多个思维导图，熟悉这个工具后找到自己最惯用的方

第六讲　视觉化的创意工具——思维导图

式，更自如地用导图记录和表达创意。

（3）可以通过这个工具，分析自己的思维，还可与别人进行比较，方便找到自己思维中的"惯性"，有意识地修正调整。

（4）对于创意发想，可以先不设定任何限制，直接进行创意发想，然后逐渐变为给自己设定方向，或者特定的思维方式，以挑战更与众不同的创意方向。

（5）思维导图可以结合后续的逆向思维、加法、发散思维等多种训练进行。

（6）手绘思维导图的方式可以和思维导图软件结合起来，找到最适合自己的方式。

（7）思维导图的工具不仅可以用在创意方面，还有帮助记忆、行程计划、记录笔记等多种用途。

4. 思维导图图例[1]

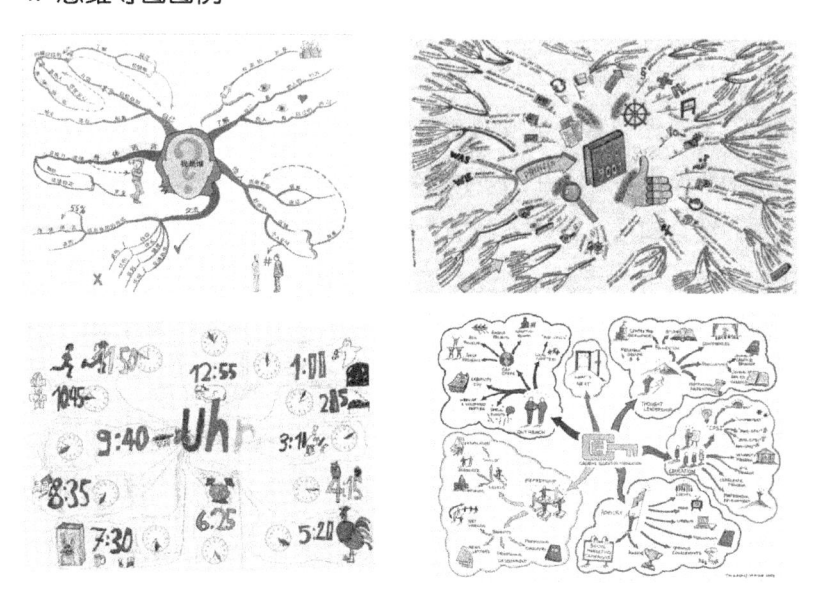

图　思维导图图例

---

[1] 图片来源于网络

三、思维导图绘制练习[1]

第1步：喷射式的发想

确定中心概念后，快速地在这个词四周的引线上写出数个联想到的单个关键词，不能停下来选词，要把进入脑海的第一个词写下来，这一点很重要，不要管这些词是否很荒诞，这往往是打破旧的限制习惯的关键，同时也能创造充分的"自由联想"的环境、过程。

第2步：深入联想

对写下的数个词当中的任何一个词中进行进一步的联想，把这个词作为卫星词，再做放射性联想。按照它的放射的本质，每个加到思维导图上的关键词或图形都可以自成一体地产生无穷多的联想的可能性。

常见的"联想"有逻辑联想和形象联想。

第3步：寻找关联

暂停下来，仔细看所生成的众多想法，（1）找出与众不同的新元素或令自己激动的亮点；（2）在不同的枝节上，可能找到一定的联系，善于发现并把它们结合起来，可用不同颜色的笔标出来。

注：①距离中心词越远的元素创新性越强；

②两个元素的距离越远，一旦发生意义关联或形式关联，则创意越新。

第4步：提出方案，画草图

把有价值的想法提出来，结合、围绕要解决完成的题目做进一步联想、完善，提出创意方案，完成草图设计。

两个原则：

开发新元素（没被使用或没被引起注意的元素）；

---

[1] 资料参考：百度文库

减法原则（用最少的元素、最简洁的方式表达创意）。

练习：

（1）请以"水果"为中心词，进行发散性联想。在不同分支上进行标注，最好同时加上图形，不同区域可以用不同色彩进行区隔。先在头脑中有个大致框架，而后具体绘制。

（2）请以"干净"为中心词，绘制思维导图，时间为 30 分钟，要求同上，最后统计你所想的关键词有多少个，尝试在限定时间内完成最多的创意。

四、思维导图软件及应用

1. 思维导图软件的一般介绍

原理：基于思维导图的理论建立，与手绘没有本质性的区别，只是表现上的不同。

软件：目前市场上至少有十多种同类应用软件。国内最常见的是 Mind Manager，但正版价格昂贵，且没有汉化。此外还包括 Mind Mapper、XMIND、Inspiration、Mind Genius、Free Mind、Visual Thinking 等。用在智能手机和平板电脑上的 APP，常见的包括：iThoughts（Mindmapping）,Mindnote、Mindo、MindMeister 等。

差异性：各种名目众多的软件基本功能近似，差异性主要表现在与系统的兼容性、稳定性，界面设计是否人性化、美观、简洁、操作方便，在模板设计、图案库、文件输出格式等功能服务上有没有更多考虑，所占硬盘空间大小等方面。因为思维导图软件广泛运用于公司会议、个人记录整理、创意思维等方面，软件功能也相应要求比较齐全。大多数应用软件都是商用软件，可下载试用版，但长期使用需向软件开发商或经销商购买正版软件。

2. 思维导图的 APP

随着智能手机、平板电脑的普及，各种思维导图的应用 APP 也应运而生。正如前文提及，用在智能手机和平板电脑上常见的思维导图 APP 包括：iThoughts（Mindmapping）、Mindnote、Mindo、MindMeister、MindGenius 等，但由于触摸功能的限制，因此在功能上并不如 PC 机强大，优势在于便携和适宜绘制图形。

3. 思维导图软件的通用功能

目前市面上无论是哪一种思维导图软件，功能都大同小异，因此掌握一个软件能起到举一反三、触类旁通的作用。

首先，选定"中心"，然后以之作为结点向四周进行发散性思维，每一个结点又是下一个环节的中心，依此类推，想出尽可能丰富多样的内容，完成整个思维导图的文字框架。

录入文字的同时，还可以把思维导图修饰得更加美观形象。比如，选择模板格式、绘图方向，一般软件都有自带的模板库，可以选择自己喜欢的或者和主题贴合的内容；再如，把不同分支、文字、方框底版涂上不同色彩，以色彩区分不同的内容；还可以把相近的内容进行合并，用"边框"归纳在一起（Mind Manager、Mind Mapper 都有此功能，但有的软件没有这个功能）；不同联想分支之间，如果有关联，也可以进行连线；为了帮助理解和记忆，还可以在每个关键词旁添加图标或者图案，大多数思维导图软件都有自带的图库，也可以粘贴电脑中已有图片（建议图片不要太大，简单明了的图标就好）；还可以在关键词旁边添加注解，常见的思维导图软件都有这个功能。这些工作可以在完成文字的过程中做，也可以在完成文字部分之后统一进行。

以 Mind Mapping 为例，这一软件界面与 Mind Manager 接近，具体功能区如下：

第六讲　视觉化的创意工具——思维导图

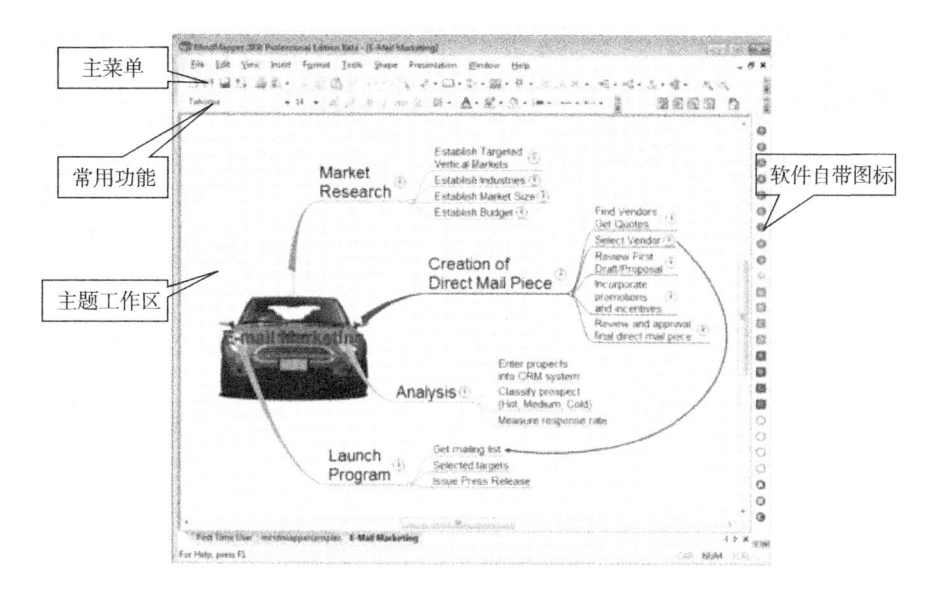

图　Mind Mapping 软件界面

3. 有关思维导图软件 Mind Manager

Mind Manager 是 Mindjet 公司开发的软件产品，也是目前思维导图软件中在国内最受欢迎的一款。优点在于，界面简洁，功能完备，与微软 Office 的软件兼容性能好。但正版无汉化版，且占硬盘空间较大。

（1）软件界面

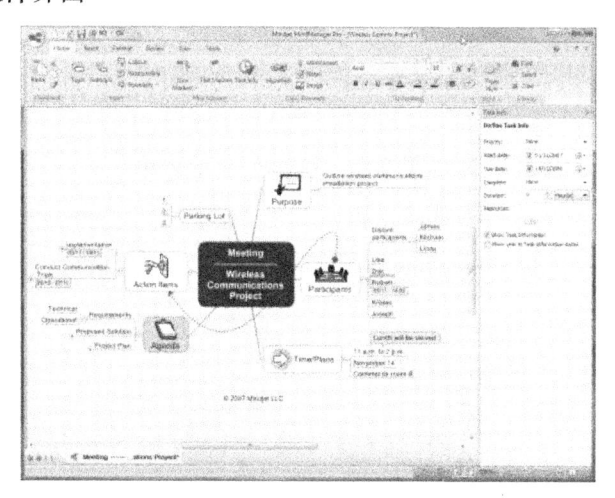

93

（2）软件功能概述：包括左边一列的下拉式文件菜单，最上面一行的常用功能菜单，以及特有的功能菜单（不同版本菜单略有区别，一般为5~8个）。

（3）常用功能菜单（见上图）

即软件最上面一行的 New/新建文件，Open/打开文件，Quick Print/快速打印，Undo/恢复操作，Redo/重复操作，Save/存储等六个最常用、最基本的功能菜单，与 Office 系统的功能和快捷方式、图标完全一致。

其中，快捷打印，输出的默认格式为 PDF 格式。保存的格式同样默认为 *.mmap 格式。

（4）文件菜单（见左图）

左上角的蓝色图标是思维导图键（Mind Map Button），单击后出现下图所示的下拉菜单。这个菜单主要包括 Office 常见的 New 等功能菜单，和 office 办公软件的兼容性很好。

菜单包括：

- New：新建文件（见下），包括三个子菜单

Default a Map：选择默认模板；

From Styles and Templates：从已有样式和模板中选择；

From Existing Map：选择已建立的文件。

- Open：打开已有文件。

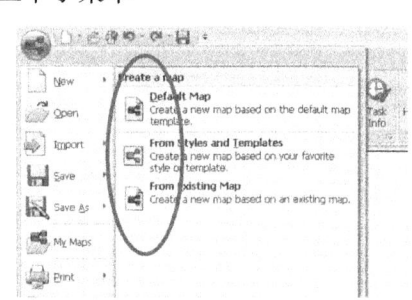

- Import：导入 Word、Outlook 等其它文件，较少用到。
- Save：保存文件（默认扩展名为 *.mmap）。
- Save as：另存为。
- My Maps：浏览刚用过的文件。
- Print：打印。
- Prepare：准备，涉及文件属性、加密等，较少用到。
- Send：发送邮件，可以将文件作为附件直接发送邮件，
- Export：导出为其他格式，比如图形格式（*.bmp、*.jpg、*.gif 等常见格式），Office 中的 PPT、Word、Outlook 或者网页格式均可。
- Close：关闭。

（5）软件特有的功能菜单（最重要的部分）

Home 主功能	Insert 插入	Format 格式	Review 校订	View 视图	Export❶ 导出	Tools 工具
Clipboard 剪贴板	Insert 插入	主题 Topics	验证	文档视图	常规导出	模板
Insert 插入	更多主 题元素	对象 Objects	批注	过滤器	Office 导出 Export	宏
Map Markers/ 图表标记	图表	布局 Layout	追踪	详图		会议
Topic Elements/ 主题元素	Excel 表格	格式 Formatting	更改	缩放 Zoom		帮助
Formatting 格式	Outlook 邮件	样式 Style		Window 窗口		产品
Style 样式						
Editing 编辑						

（表中灰体部分为常用功能）

---

❶ Mind Manager7.0 版本中没有这个菜单。

功能性菜单

- Home：基本功能菜单。包括 Clipboard（剪贴板）、Insert（插入）、Map Markers、Topic Elements、Formatting（格式）、Style、Editing 等几个子菜单，常用。
- Insert：插入功能菜单。
- Format：包括几个子菜单：Topics、Objects、Layout、Formatting、Styles 等，常用。
- Review：校订，包括几个子菜单：Proofing、Comments、Tracking、Changer 等，不常用。
- View：视图。
- Export：导出，注意，Mind Manager7.0 中，这个功能还在左边一列的文件菜单中，较常用。
- Tools：工具，较常用。

（1）Home/主功能

Home/主功能						
Clipboard 剪贴板	Insert 插入	Map Markers 图表标记	Topic Elements 主题元素	Formatting 格式	Style 样式	Editing 编辑
Paste 粘贴	主题 Topic	图表标记	超链接	字体	主题样式	查找
Cut 剪切	子主题 Sub-topic	文本标记	附件	字号		选择
Copy 复制	附注 Callout-topic	任务信息	便笺	颜色		清除
Format Painter 格式刷	关联 Relationship		图像	排列		
	边框 Boundary			清除 Cut		

第六讲　视觉化的创意工具——思维导图

（2）Insert/插入

Insert/插入				
插入	更多主题元素	图表	Excel 表格	Outlook 邮件
主题 Topic	书签	图表		新约定时间
子主题 Sub–topic	电子表格	图表部件		新任务
附注 Callout–topic	自定义属性			新联系人
关联 Relationship	提醒			（此栏不要打开）
边框 Boundary	标签			
	添加日期与时间			

（3）Format/格式

Format/格式				
主题	对象	布局	格式化	样式
主题形状 Topic Shape	关联形状 Boundary Shap	编号 Numbering	格式❶	主题样式❷ Topic Style
伸展方向	边框形状 Relationship Shape	排序 Sort Topic		图表样式 Map Style
主题线条样式	线型 Line	排列主题 Align Topic		
图像放置		布局 Layout		

样式中的主题样式在主功能菜单中也有，图表样式在新建（New）功

---

❶ 与主功能中"格式/Style"一致
❷ 与主功能中"主题样式"一致

97

能中也有；Map Templates 是图表样式，单击后弹出对话框，软件自带多种模板可供选择。

（4）Review/校订

Review/校订			
验证	批注	追踪	更改
拼写检查	新批注	开始校订	接受
自动更正选项	移除	结束校订	删除
设置语言	上一个	设置	上一个
图表状态	下一个	发送图表	下一个

Review/校订功能不常用到，主要是检查校对拼写错误。

（5）View/视图

主要用于演示时，更好的展现思维导图的重点。

View/视图				
文档视图	过滤器/Filter	详图	缩放	窗口
图表视图 Map View	取消过滤 Remove Filter	详图 Detail	放大 Zoom In	排列 Arrange
大纲视图 Outline View	独立分支显示 Show Branch Alone	聚焦于主题 Focus on topic	缩小 Zoom Out	拆分 Split
多图表视图 Multi－map View	显示其它分支	折叠主题 Collapse Map	100%	切换窗口
演示模式 Presentation Mode		平衡图表 Balance Map	适合图表 Fit Map	
		显示/隐藏	平移与缩放 Pan and Zoom	

(6) Export/导出

Export/导出	
常规导出	Microsoft Office 导出
导出为 PDF	导出到 Word
导出为图像	导出到 PPT
打包并转到	导出到 Outlook
导出为网页	
导出任务信息为 MPX	

这是 Mind Manager7.1 比 7.0 版本有更新的地方，原版本中，此菜单位于"思维导图软件"蓝色键的下拉菜单中。

(7) Tool/工具

Tool/工具				
模板	宏	会议	帮助	产品
图表模板 Map Templates	（略）	定时器 Timer	（略）	（略）
图表样式 Map Styles		开始头脑风暴 Start Brainstorming		
图表标记列表 Map Marker Lists				
图表部件				

续表

模板	宏	会议	帮助	产品
网页模板 Web Templates				
定制导向 Customize Wizard				

　　图表模板在其它菜单中有重合，比较有特色的是"头脑风暴会议"菜单。"沙漏"图标是 Timer（定时器）菜单，用来设计头脑风暴的时间；"灯泡"图标表示头脑风暴是否启动。进入"头脑风暴"状态后，菜单有提示三个步骤：Step 1，Enter your ideas（输入你的创意）；Step 2，Define groups to Prioritize（定义群组）；Step 3，把构思拖动到群组主题中，整理创意思维。

头脑风暴可以让每个人的想法富有创意，使人们无论是在个人生活或是职业生活当中实施这些创意，并从中受益。而这些超乎想象的创意与智商并没有任何关系。

——《头脑风暴》作者 ［美］杰森·R·瑞奇

第七讲　集体创意的工具
——头脑风暴

创新思维技法是创新方法论的一部分，以上世纪30年代美国人发明的"特性列举法"为开端，至今已有上百种创新思维技法，其中流传最广且最简便易行的就是"头脑风暴法"。

广告行业中头脑风暴一般是用在创意发想阶段，用来提高效率，在最短的时间内想出最多的点子。俗语说"三个臭皮匠，赛过诸葛亮"、"众人拾柴火焰高"，而这个方法最有魅力之处，就是通过团队中各个"点子"互相碰撞，相互启发，从而产生更多的灵感。在创意思维领域，这种1+1＞2，也是创意思维的规律之一。

但集体智慧也并非总是大于个人智慧。美国麻省理工学院彼得·圣吉教授对4000家企业进行调研后发现，许多团队中的个人智商都很高，在120分以上，但团队智商却只有62分，他把这种团队管理中的"智障"归

因为四种妥协:❶

1. 为了保护自己;

2. 为了维护团结;

3. 为了不使他人难堪;

4. 为了使大家接受。

可见,要想获得更佳的创造思维效果,需要制定切实可行的规则,最大可能地激发灵感,但又要恰当地维持秩序,这些是"头脑风暴"的前提。

一、什么是头脑风暴?

1. 头脑风暴法(Brain Storming)

简称 BS 法,又称智力激荡法、脑力激荡法,指一组人员运用开会的方式将所有与会人员对特殊问题所提供的主意,聚集起来以解决问题。(韦氏大词典)

头脑风暴源于医学概念,原是精神病理学的一个术语,指精神病患者神经错乱和胡言乱语,或许与费洛伊德的心理治疗法有关,而在这里转义指无拘无束、自由奔放地思考问题。❷ 为了排除由于害怕批评而产生的心理障碍,发明者奥斯本提出了延迟评判原则,他建议把产生设想与对其评价过程在时间上分开进行❸。

2. 有关发明者

阿莱克斯·奥斯本(Alex Osborn, 1888.5.24—1966.5.4 头脑风暴法的发明者)

---

❶ 赵贵国. 员工创新思维训练 8 节课 [M]. 北京:中国工人出版社.2007:49.
❷ [美] 杰森·R. 瑞奇. 头脑风暴 [M]. 北京:金城出版社,2005:2.
❸ 王岳森、李惠军. 创造学教程 [M]. 成都:西南交通大学出版社,2003:112.

第七讲 集体创意的工具——头脑风暴

奥斯本（也译为奥斯伯格），他是国际知名广告公司 BBDO 的创始人之一（BBDO 又称天联），1938—1945 年间担任 BBDO 的执行副总裁。他既是广告实践家，又执着于广告创意理论研究，并将创意思维首次引入到美国的高等教育和行业培训中，1965 年在美国纽约州立水牛城大学（The University of Buffalo）和其他学校创立了创意课程，对后世有很大影响。

图　阿莱克斯·奥斯本

他于 1939 年在 BBDO 公司开始推广"头脑风暴法"，并在 1953 年出版的 Your Creative Power（中文版译为《创造性想象》）中正式发表。除了"头脑风暴"外，他还发明了"创造性想象"（Creative Imagination）一词。1968 年他去世两年后被入美国"广告名人堂"（Advertising Hall of Fame）。

他的代表作品包括：

How to Think Up	《如何思考》
Your Creative Power	《创造性想象》
Make up Your Mind	《开发思维》
The Gold Mind Between Your ears	《你的金点子》

3. 补充说明

在第四讲中已有部分关于头脑风暴法的介绍，需要说明的几点：

第一，头脑风暴是由广告人所发明，但远远不止是广告人所专用。事实上，这个工具在企业管理、技术开发、投资决策等其他领域也得到广泛的应用。

第二，头脑风暴仅仅是激励大脑的工具而已，如果没有日常的知识积累、思考和阅历，同样难以产生精彩的创意。

第三，头脑风暴的目的是追求产生最多的创意，而不是产生最好的创意，因此"风暴"结束之后，还需要甄别、评估创意。

第四，头脑风暴的优势是集中集体智慧，因此需要团队成员互相支

103

持、互相协作,制定一个适用的游戏规则很关键。

第五,头脑风暴是横向思考法的工具之一。

第六,Mind Manager 等思维导图软件中 Tools 工具菜单下也有此功能,此外还有不少其他专用的头脑风暴软件,也有 APP 应用可供下载,但在行业中并不普及。

相关网站:http://www.brainstorming.co.uk/

二、头脑风暴的分类

1. 小组头脑风暴(Group Brainstorming)

头脑风暴法小组的组成:设立两个小组,第一组为"设想发生器组",简称"设想组",任务是进行头脑风暴,想出尽可能多的"点子";第二组为评判组,或称"专家组",任务是对所提出设想的价值做出判断,进行优选。

主持人的人选:两个小组的主持人,尤其是头脑风暴会议的主持人,对于头脑风暴是否成功至关重要。主持人要有民主作风,平易近人,反应机敏,有幽默感,在会议中既能坚持头脑风暴会议的原则,又能调动与会者的积极性,使会议气氛保持活跃。主持人知识面要广,对讨论的问题有比较明确和深刻的了解,以便在会议期间能够善于引导和启发,把讨论引向深入。

2. 个人头脑风暴法(Individual Brainstorming),

顾名思义,就是不借用团队,单打独斗的冥想创意的方法。主要利用横向思考法进行联想。个人头脑风暴法难以得到他人的激励,只能在自己的世界中寻找答案,但个人头脑风暴法更简便易行,无论何时,无论身处何地,都可以进行。

3. 默写式头脑风暴法

默写式头脑风暴法,又称为"635 法",由德国人鲁尔以赫在奥斯本的基础上加以修改所得。会议由 6 人参加，坐成一圈，要求每人 5 分钟以内在各自的卡片上写出 3 个设想，然后由左向右传给相邻的人，每个人接到卡片后，在第二个 5 分钟内再写出 3 个设想，然后再传递出去。如此传递 6 次，半小时内可以完成，大约可以产生 108 个设想。

4. 卡片式头脑风暴法

卡片式头脑风暴也称卡片式智力激荡法、卡片法，可分为 CBS 法和 NBS 法两种。

CBS 法由日本创造开发研究所所长高桥诚根据奥斯本头脑风暴法改良而成，特点是可以对每个人提出的设想进行质询和评价。会议由 3~8 人参加，持续 1 小时左右。每人持 50 张卡片，先用 10 分钟时间让参与者在各自卡片上写设想，再用 30 分钟轮流发言，宣读自己的想法，宣读时卡片放在桌子中央让大家都能看到，若因此受到他人启发产生新的想法则可填写新的卡片，最后用 20 分钟让与会者相互交流探讨，以诱发新设想。

NBS 法是日本广播电台（NHK）开发的一种方法。这种方式允许 5~8 人参加，每人提 5 个以上设想，一张卡片上写一个设想。会议开始后，各人出示自己卡片，并简要介绍。若有新设想可立即写下来。然后将所有卡片集中分类，并加标题，最后进行讨论。会议持续 2~3 小时。

5. 三菱式头脑风暴法（MBS 法）

针对奥斯本头脑风暴法因禁止批评而导致的评估不足这一缺陷，日本三菱树脂公司对此加以改进而成。

参与者可有 10~15 人，活动时间持续 3~4 小时，会后根据现场记录进行整理。

活动开始后，由主持人提示问题后，参与者将自己的设想写在纸上。随后，所有与会者分别提出自己的设想，其他人也可以据此受到启发而提出新的想法，会上允许出现批评和对发言者进行提问。最后进入讨论环节。

此外同类的头脑风暴法还有所谓的 KJ 法、戈登法、NM 法等，选择一个适用的工具，会大大提高效率。

三、课堂练习

1. "地球一小时"活动设计

背景介绍:"地球一小时"活动是由WWF(世界自然基金会)发起的,是全球最大的环保活动,最早在2007年澳大利亚举行。全球有150个国家和地区、6525个城市参与,其中中国有124个城市参与。活动举办时间为每年3月最后一周的周六,活动主旨是号召大家在当天关上灯,并做出一个环保改变,同时动员身边的其他人也加入环保行列。比如2013年的目标是让个人、家庭和企业尽可能多的参与进来,关闭电源一个小时(除了交通等必要的灯光),最主要的目标不是节电,而是如何遏制气候变暖。

作业要求:每年都会在当晚8:30-9:30熄灯一小时,请为今年设计这一小时的活动,安排一个环节,让大家在这一小时中,做一件积极有益而又环保的事情。全班同学自由发言,由老师主持并记录,同学之间禁止批评。

2. 请分组讨论,用默写式头脑风暴法,为WWF组织建言,我们还可以从哪些身边的小事做起,保护环境、节约能源?完成后各组在班内公开展示。

图 "地球一小时"海报

四、头脑风暴的原则

原则一:自由畅想原则。

要求与会者自由畅谈,任意想象,尽情发挥,不受常识和已知规律的限制。鼓励人人参与,认为每个人和每个观点都具有价值,同时还可以在他人观点的基础上提出新的见解。

原则二：严禁评判原则。

对别人提出的任何设想，即使是幼稚的、错误的、荒诞的、夸张的，都不允许批评。不允许口头批评，就连怀疑的笑容、神态、手势等形式的隐蔽的批评也不允许，甚至也不能进行肯定的判断，比如"×××的设想简直棒极了！"，以免其他与会者产生失落感，也容易造成"已经找到圆满答案而不值得深思下去"的错觉。

原则三：谋求数量原则。

与会者强调在有限时间里，提出的设想的数量越多越好。会议过程中应该源源不断的提出设想来，为了更多的提出设想，可以限定每个设想的时间不超过 2 分钟，出现冷场时，主持人要及时进行启发或提示，或者自己提出一个幻想性设想，使会场重新活跃起来。

原则四：高效率原则。

传统的头脑风暴法中，最理想的时间是 30 分钟，最长不要超过 45 分钟。时间过长会让参与者感到枯燥乏味，影响头脑风暴的效率。对于不了解头脑风暴或者很久没有参与过头脑风暴会议的人来说，可以在头脑风暴会议之前开一个 10 分钟左右的"热身会"。

五、头脑风暴的参会事项[1]

1. 参与人数

参与人数最好 6 人左右，不要多于 12 人。如果人数太少，会议容易变成争论或讨论，而人数太多则可能变成少数人高谈阔论，其他人失去参与的机会。

2. 人员构成

与会人员中，大约 1/3 的人是与问题息息相关的人，其他人应尽量来

---

[1] 爱德华·德伯诺. 水平思考的力量 [M]. 北京：中信出版社. 2009：134

自各个方面。一般而言，小组中不要有任何人在职位上明显高于其他人，否则会影响与会者自由表达自己的观点。

3. 会议的记录员和主席（主持人）

记录员主要忙于记录各种观点，一般很少主动发表自己的观点。但他需要将观点浓缩后记录下来，如果赶不上进度，可以请求暂停或增加助手，即使是重复的观点也要再次记录——可以会议后整理时再删除，从而避免遗漏新观点。同时最好有会议录音，在会议之后还可以补充遗漏的观点。

主席的职责包括：

（1）像润滑剂一样让会议顺利进行；

（2）不能让所有人同时发言，如果有任何人试图发言，都要给他一个机会；

（3）在会议开始时提出要讨论的主题，在会议中不断重申这一主题；

（4）如果有人试图评估观点时，要进行阻止，如"那是在做评估"或"我觉得您是在做评估"；

（5）确保记录员能顺利记录所有观点，如速度过快可请求大家暂停；

（6）在观点表达暂告一段落时，要求记录员读出目前为止所有记录下的观点；

（7）宣布会议开始和结束，负责会议的组织工作。

六、头脑风暴的实施步骤

1. 准备阶段

产生问题，组建头脑风暴小组，培训主持人和组员及通知会议内容、时间和地点等。

2. 热身活动

为了使头脑风暴会议拥有热烈和轻松的气氛，使与会者的思维活跃，可以做一些智力游戏，如猜谜、讲幽默故事等。

3. 明确问题

由主持人向大家介绍所要解决的问题，问题需要简单、明了、具体，把一般性的问题分成几个具体的问题进行解决。

4. 自由畅谈

由与会者自由提出设想，主持人要坚持原则，尤其要坚持严禁批评的原则，对违反原则的与会者要及时制止，如坚持不改可及时劝退，会议秘书要对与会者提出的每个设想予以记录或现场录音。并且注意不要离题太远。

5. 收集设想

会议的第二天再次向组员收集设想，这时得到的设想往往更有创见。

6. 再讨论

如问题未能解决，可以重复上述过程。但再用原班人马时，要从另一个方面或用最广义的表述来讨论课题，这样才能变已知任务为未知任务，使与会者的思路发生改变。

7. 评判组合议

合并同类想法，有的想法可以进行组合、排序。对头脑风暴会议所产生的设想进行评价与优选应谨慎行事，即使是不严肃的、不现实的甚至荒诞无稽的设想也应该认真对待。

七、案例

头脑风暴法与百事可乐"新一代的选择"策略的产生[1]

百事可乐"新一代的选择"背景[2]：可口可乐是1885年上市的软性

---

[1] 舒咏平. 广告创意思维 [M]. 安徽：安徽人民出版社，2004：155.

[2] 贺年. 世界经典广告创意金榜. [M]. 呼和浩特：内蒙古人民出版社，2003：45.

饮料，1930年就已经在美国饮料市场上占据垄断地位，售价5美分、185克，而百事可乐是1939年才问世，作为后进者决心与可口可乐分庭抗礼。针对可口可乐对年轻人来说喝起来太少不过瘾的问题，他们推出了5美分、340克的百事可乐，到1960年，百事可乐的销量上升了20%，而可口可乐的销量下降了3%。20世纪60年代，百事可乐更加明确了要以青少年为主要对象的策略，广告宣传也主要以表现年轻人青春活力、豪爽风度为特点。广告词是"对于那些自认年轻的消费者来说，百事可乐正是你们的最佳选择，""奋斗吧！你是百事可乐新的生龙活虎的一员。"广告配以青少年崇拜的流行歌星杰克逊等人的流行歌曲，煽起青年一代的热情，同时制作了大量比较广告来嘲弄可口可乐的保守和过时。在70年代，百事可乐在广告中用直播方式，让消费者对口感盲测并大获成功，消费者更喜好百事可乐的口味，因此1985年可口可乐公司董事长宣布，因为消费者偏好更甜的软饮料，他们更改了配方。经过两年酝酿，他们推出了有着新配方的"新可乐"。针对可口可乐改变配方之机，百事可乐公司也展开了广告攻势。百事可乐公司委托BBDO广告公司进行广告策划与制作。在策划者们参加的动脑小组会议上，留下了这份"头脑激荡"记录：

"我们做广告总是为我们的消费者考虑，这回我们改变一下，为可口可乐的顾客着想。"会议主持人运用逆向思维为会议确定了崭新的讨论方向。

"选一个男孩做主角？"

"不，选一个女孩。一个男孩对一种可乐失望只表示他无能。"

"倘若一个姑娘为一种可乐所背弃的话，她就像舞会上无人理睬一样。"

"应使这个遭遇显得可怜一些。"

"一个坏女人的儿子真令人心碎。"

"她正对着摄影机说话。"

"与其他可口可乐顾客说话。"

"主要是年轻一代。"

整个广告策划的创意就在众人思维的碰撞中激发出来，广告的主题——"为了新一代"也就随之确定，并在此后获得成功。

八、作业

1. 题目介绍

请为雀巢咖啡"活出敢性"或"来杯雀巢咖啡"完成广告文案。（2013年学院奖比赛题目）

品牌名称：雀巢咖啡

广告主题：一．活出敢性；二．来杯"雀巢咖啡"；

传播、营销目的：藉由全新的广告主题，通过富有情感张力的沟通方式，激励年轻的消费群体，勇于活出真我，使雀巢咖啡品牌与消费者建立起紧密的情感关联，增强其对于雀巢咖啡品牌的认同与喜爱，并激发年轻人尝试咖啡，将雀巢咖啡视为生活中不可或缺的一部分。

目标消费群：18～25岁，对生活充满热情，有梦想，并勇于追求、实现梦想的年轻人。

主题阐述一：活出"敢性"！

"敢性"代表着勇气和积极地生活态度。

"活出敢性"是对人生、信念和梦想的把握，活出内在真实的一面，释放更完美的自己，带来积极的影响。

勇敢是一种信念，永不放弃、执著的追求。

就像咖啡，它独特的味道，能点亮你的嗅觉，用心感受生活中每一刻真实的精彩。

鼓舞着你不断向前，让你敢于面对真实的自己，活出自己的味道！

创意作品可以尝试以雀巢咖啡作为"敢性"之源，从敢于表达，敢于创新,敢于行动等角度表现,使观赏者受到启发和鼓舞,拿出勇气展现释放自己真实、完美的一面。

主题阐述二:来杯"雀巢咖啡"!

咖啡,融入我们日常生活的饮品。分享香浓馥郁的"雀巢咖啡",成为人与人进行沟通建立关系的桥梁。

对心仪已久的女孩说,这句话暗示浪漫的追求,

对并肩复习的同学说,这句话体现亲切的关怀,

……

然而,作为独生子女的独特一代,热衷网络、音乐,把情感藏在冰冷的高科技后,过着群居的孤单生活。缺少沟通让他们倍感孤独。

本该被礼赞的美好时光,却羞于表达;应当绽放的锦绣年华,惟有回忆。来杯"雀巢咖啡"!创造轻松时刻,让雀巢咖啡提升感官体验,打开心门,不错过每一次可能精彩的瞬间,让青春如绚烂之繁花。

创意作品需以"来杯'雀巢咖啡'!"为创作基础,发掘渴望表达、渴望沟通的年轻人的心理诉求,借助文字丰富的内涵,鼓励人们活出"敢性",敢于沟通,在享用"雀巢咖啡"的时刻,让人们联系在一起,体会生活的真实滋味!

2. 作业要求

以小组为单位,用半小时的时间,采用头脑风暴的方式,选择上述主题,从诉求点入手,进行创意发想,并进行记录。头脑风暴之后,共同筛选,确定最终方向,并在此基础上进行修改,最终确定广告文案。

每组共同完成一份小组作业,头脑风暴过程中,保留讨论的各种方案,做好记录,之后从中筛选出最终选定的草案。

内容包括(1)头脑风暴的讨论过程,包括每人发言;(2)最终拟定的定位;(3)最终选定并完成的广告文案。(如果文案与所涉的平面设计、影视脚本、活动方案等关系紧密,需要互相补充印证的情况,可用草图、文字等加以辅助说明)

第七讲 集体创意的工具——头脑风暴

参考资料：

[1]［美］杰森·R·瑞奇. 头脑风暴：世界最佳创意思维培训教程[M]. 北京：金城出版社，2005.

附：第七讲 课后资料

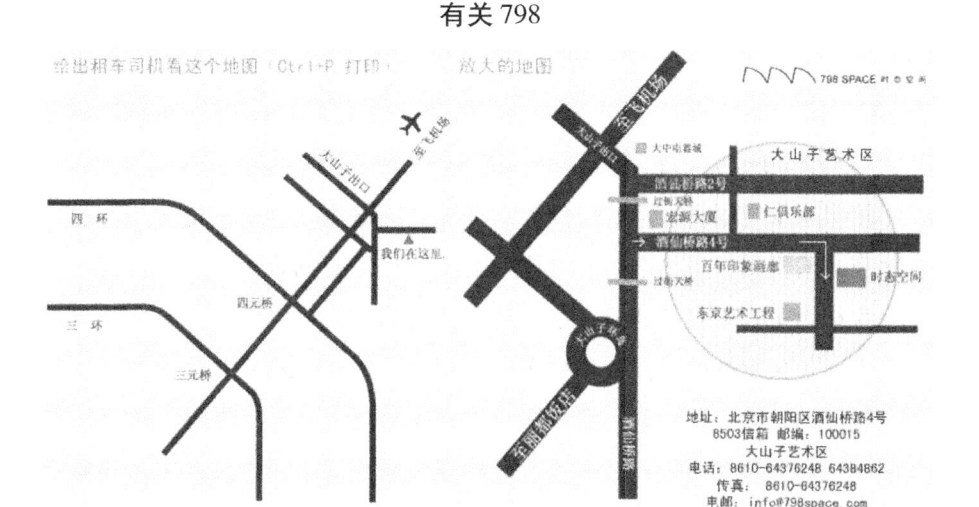

有关798

图 北京大山子艺术区地图

艺术区的风险

我最初介入北京大山子艺术区的策展活动是在2003年初。据我观察，大山子艺术区从产生至今一直处在风险之中。

北京大山子艺术区所在地也被称作"798厂"，始建于1950年代，当时是中国"第一个五年计划"同期的重点工程之一，由前东德援建。

这片工厂包括6个独立分厂，2001年合并为电子企业"七星集团"。按照"七星集团"最初规划，这里的旧厂房将被拆除，重建为电子商业园区和高级写字楼。由于原先部分工厂生产不景气，旧有闲置厂房临时性地对外出租。在这里形成艺术区之前，有少数文化单位已经租用了这里的空间，如中央美术学院的雕塑工厂、《乐》杂志等。

2001年中国当代艺术的出版机构"八艺时区"迁入该地区，随后一些艺术家在这里租用了工作室。由艺术家黄锐介绍进入该地区的日本"东京画廊"，于2002年10月在这里建成了"BTAP北京东京艺术工程"并举行首展，使这个地区获得了人们的关注。这些租金廉价、空间宽大的旧工厂车间开始吸引艺术机构和艺术家蜂拥而至。其中"时态空间"租用了达1000平方米的带锯齿天窗的厂房，成为至今该区域最大的艺术空间。2003年4月，由"时态空间"负责人艺术家徐勇和艺术家黄锐在该区发起了"再造798"艺术活动，正式为这里命名为"大山子艺术区"。至此这里已经聚集了近40家艺术和商业机构，以及30个艺术家工作室。

按照原本规划，这里的厂房在未来即将拆除重建为新的电子城。所以艺术家开始租用这里的空间的时候，大多与厂方签的合同是3年。但是当艺术家作为房客举办"再造798"艺术活动来扩大社会影响，从而达到保留艺术区长久发展的时候，与房东"七星集团"的原有规划完全相左。当越来越多的艺术机构和艺术家试图进驻艺术区时，"七星集团"突然冻结了旧有空间的对外出租，试图通过限制规模来挽回由于进驻的艺术机构和艺术家单方面的"再造798"的口号所对这个地区原有规划的不利宣传。

该区的各艺术机构和艺术家此后不断地举办各种各样的艺术活动，借助大众传媒的报道扩大艺术区的社会和国际影响。2003年"SARS"期间，由徐勇和黄锐发起、冯博一和我在该区策划并举办了大型的公益展览"蓝天不设防"，包括艺术区在内的60多位艺术家参与了此次活动，得到广泛的报道。2004年5月，艺术区举办了首届"DIAF大山子国际艺术节"活动。因为这里的艺术活动影响越来越大，"七星集团"在艺术节期间通过禁止出租车驶入厂区等规定，试图进一步限制这里的艺术活动。并且据称，这里的空间租赁也不再向文化单位开放。艺术节由于没有合法手续，在活动举办时不得不更名为"艺术月"。

按照常规，作为独立身份的驻区艺术机构和艺术家无论如何是难以与

第七讲 集体创意的工具——头脑风暴

国营大型企业集团叫板的。但是随着驻区艺术家李象群以人大代表的身份，在2004年向北京市人大递交了保护该地区具有工业文物价值的厂房和发展文化产业的议案，使政府行为介入了艺术区争执，同时引起了媒体的关注和报道。同期的北京政协委员也递交保护艺术区的提案。应该说保留和发展大山子艺术区，对在北京推动新的艺术和文化产业、提升北京的当代国际形象有很大的助益。但是艺术区的业主是"七星集团"，它的短期利益是通过重建该地区来解决企业的产业结构改造和数万名下岗职工的安置。集团与艺术机构和艺术家之间的矛盾如果不通过政府部门的有效介入来进行利益调配，很难最终获得解决。北京市政府虽然没有直接参与艺术区的活动，但部分政府部门一直表示对艺术区的支持。虽然目前还没有具体的解决方案出台，但是随着2005年5月"第二届大山子国际艺术节"的举办，将进一步推进社会对艺术区的支持。

艺术区的价值

据住在该区的微软中国公司副总裁康如松推测，"798厂"里带锯齿形天窗的厂房可能是亚洲目前规模最大的"包豪斯风格"❶建筑。这样的建筑本身作为现代建筑史中的范例，就具有很高的艺术和文物价值。

况且，这里的建筑从建造到今天经历的过程，正是新中国工业化的过程，完全应该作为这一历史见证保存下来。艺术家在争取个人利益保存这一地区建筑空间的同时，也在保护我们中华民族这段不可或缺的历史记忆。总不至于将来有一天为了恢复这段记忆，再拆了新厂房重新恢复旧厂房，像遍布在全国各地的仿古街一样吧。

"798厂"形成艺术区之后，吸引了大量的国际艺术机构进驻。目前进驻艺术区的当代艺术机构有不少国际画廊。除上述提及的日本"东京画

---

❶ 包豪斯："包豪斯"是德国魏玛市的公立包豪斯学校（后改称设计学院）的简称。上世纪20年代，以包豪斯为基地，现代建筑出现了一个重要派别——现代主义建筑。它主张适应现代大工业生产和生活需要，讲求建筑的功能、技术和经济效益。比如建筑的窗户朝北，以保证光线，屋顶是弧形等显著特征。798成立之初由东德援建，因此保留了世界上最大规模的包豪斯建筑群，也因此出现在798的锯齿状的标志中，成为798的符号。

廊"开办的"BTAP北京东京艺术工程",还有新加坡的"北京季节"画廊、德国柏林的"空白空间"画廊、英国伦敦的"中国当代"画廊、意大利米兰的"玛蕊乐"画廊,来自意大利的"常青"画廊和台湾的"帝门"艺术中心也将在艺术区开业。大山子艺术区的形成,使北京的国际当代艺术空间骤然增长了2、3倍,使北京具有了成为亚洲当代艺术中心的潜力。艺术区内国内经营的重要艺术空间除了"时态空间"外,还有"百年印象摄影画廊"、"长征空间"和"二万五千里艺术中心"、"新锐艺术计划"、"程昕东当代艺术空间"、"翰墨画廊"、"3818库"、"仁俱乐部"、"哈特艺术中心"等。这些艺术空间,加上计划每年一度的"大山子国际艺术节"和众多独立艺术家工作室,已经形成了具有相当规模的北京当代艺术文化产业区。

除了艺术机构外,艺术区还有不少酒吧、餐饮等服务场所,如"at咖啡"、"老工厂咖啡"、"微波释"酒吧、"料阁子"、"季节咖啡"、"八十坐"、"江湖"西餐厅、"川菜6号"、"东北菜馆"等,还有数家艺术书店、时装店、工艺品店,以及许多设计公司和广告公司。艺术区的发展,带动起一个产业链的发展。

下一个苏荷区?

大山子艺术区随着规模和影响在两年多时间里的急剧扩张,被拆除的风险已经几乎不存在。但随着租金的上涨,另一种风险已经初露端倪。

目前,艺术区的租金已经由过去的6、7毛钱提高到了1块5左右,这就意味着作为独立艺术家工作室的空间将面临最明显的经济压力。艺术区因艺术家的参与而兴起,但是随着租金的提升,最先被挤出艺术区的可能也是艺术家。美国纽约的苏荷区就是一个先例。苏荷区在艺术家进驻前,是一个租金低廉的普通街区。随着艺术家的进驻,这个区域吸引来越来越多的画廊和品牌店,成为纽约昂贵的画廊区和时尚消费区,但艺术家由于无法承担高额的租金被迫迁出该区。大山子艺术区如果不采取对驻区艺术家的保护措施,也将重蹈纽约苏荷区的覆辙。艺术家当然总会在城市里找

第七讲 集体创意的工具——头脑风暴

到相对廉价的空间,但是大山子艺术区是否会成为下一个苏荷,还有赖于国家整体艺术市场机制的建立。只有一片艺术区,是无法支撑一个国家的当代艺术产业的,还必须有相关的法律法规和政府的一些政策倾斜来扶持,以及博物馆收藏和学术评价体系的介入。在英国伦敦,旅游人数最多的地方是"泰特现代美术馆",可见中国的艺术产业还处在非常初级的阶段。

目前在离大山子艺术区约两站地远的草场地,在原来CAAW艺术文件仓库的附近,正在形成一个新的由艺术空间组成的"北京艺术东区"。在稍远的莱广营东路的费家村、索家村,也出现了大批艺术家工作室和一些艺术空间。加之早先在北京通州区聚集的大量当代艺术家和宋庄镇几个村庄形成的画家村落,基本形成了以北京东部为主的大型当代艺术群落。除北京外,上海、昆明、成都、广州等地都有相当规模的当代艺术群落。北京艺术区的发展也许会对全国起到示范作用。也许大山子艺术区的命运,预示着中国当代艺术的未来。

链接:大山子艺术区简介

北京"大山子艺术区"实际上指的是798联合厂,位于北京北四环大山子,原是建于上世纪50年代的一个大型电子军工厂。2002年以来,随着一批艺术家和文化机构进驻,成规模地租用和改造空置厂房,一个集艺术中心、画廊、艺术家工作室、设计公司、广告公司、酒吧等于一体的艺术社区逐渐形成,绘画展、摄影展、实验戏剧、音乐会、时装发布会等艺术和商业活动非常频繁。作为中国当代艺术的集中地,"大山子艺术区"成为近距离观察中国当代艺术的理想场所,被《纽约时报》等国外媒体称为北京的SOHO,成为世界了解北京当代文化现象的一个窗口。

大山子艺术区的价值,首先它是中国计划经济的产物,是在新的时代与新经济进行了结合。它承接了从工业革命以后带来的从东德的建筑到我们自给自足的经济的转化,50年代那个时候的交往完全是考虑了东西方两个阵营的对峙,旧的时代遗迹被赋予新的生命,这是现代化国际大都市文化产业丰富的表现。798艺术区本身是自发形成的，不仅是因为文化人的操作才有价值，是因为它是一种亚文化现象。

　　大山子艺术区是一种车间文化，大都市艺术社区，创库生活（Loft - Living）意味着梦想、艺术、创造、激情、发呆、自由、放松、或者就是简单的活着。由于艺术家们的入驻，给予了那里新的生命，与千篇一律的写字楼和美术馆形成鲜明的对比。而对它的保护体现着北京文化保护的思路，是历史遗迹和新的时代精神的结合。去长城、故宫是去体会中国传统文化，来天安门广场是参观中国的政治、权力中心，参观CBD是来感受中国的经济发展速度，而来大山子艺术区是最具有亚文化的精神之旅。这两年先后迎来了德国总理施罗德先生、法国总统希拉克的夫人、联合国秘书长安南夫人的参观。

（本文源自北京国际城市发展研究院中国领导决策信息系统数据库，中国政务信息网：www.ccgov.org.cn，原载《艺评》2005年第十八期）

参观及作业

1. 课后分组参观798，撰写参观心得；

2. 假如你要在798内开设一家主题店，请各组用头脑风暴，讨论这个店面的主题、个性化商品/服务及推广策略，各组需将头脑风暴的过程进行记录；

3. 结合798艺术区的特点，从讨论的方案中选择一个，并撰写该项目方案。

师其意,不思其辞。

——韩愈

训练一　临摹创意
——找到创意思维的轨迹

一、我们为什么要"临摹"创意?

1. 临摹与抄袭有区别吗?

创意需要原创、摒弃抄袭吗——当然!那么为什么还需要"临摹"?这两者有着本质区别。

按照思维方式的分类,可以分为再现性思维与创造性思维,前者可以视为是对创意的"临摹",虽然不属于创造性思维,但却是学习的必经之路。"临摹"可以是借鉴,但不能沦为彻头彻尾的抄袭。与抄袭不同的是,临摹不带有主观恶意,仅是学习和练习方式,因此作品多半也不会"出街",与侵犯知识产权没有关系,而更像是"旧瓶装新酒"。

创造教育理论认为,创造的规律具有普遍意义,创造方法也可以摹仿、学习,因此,从学习角度讲,临摹是一种学习创意的方法。通过大量的临摹练习,身体力行,得到接近真实的实操体验。最终检验临摹的标准不是作品有多么接近"原作",而是学习的过程,及至能否通过学习来超越前人。我们会在此过程中向大师们致敬，见贤思齐，但这些作品并不带有我们自己的创意 DNA，直到我们站在前人肩上，创作出带有自己独立构思的作品，才是最后圆满的结果。因此可以说，临摹与抄袭的区别在于，抄袭是目的，而临摹是手段。

当然也不得不指出，从结果上，很多时候无法根据最终的创意作品准确判断到底是抄袭还是临摹，如乐百氏广告语"今天你喝了没有"句式被诸多企业效仿，蒙牛特仑苏牛奶的广告语"不是所有的牛奶都叫特仑苏"，吉普车也有类似的广告语"不是所有的吉普都叫 Jeep"。另外，创意"撞车"在行业中也经常见到，因此创意撞车与抄袭之间的界限更是难以界定。

在生产和营销领域，还有一种战略类型叫"跟进"（Follow – up Market Strategy），这是一种以盈利为目的，以市场为依托，追随战略先行者而实施的经营战略。这种方式将企业置于市场跟随者的位置，风险相对较小，但其利益空间也因此降低。此外，如果实施不当，会形成产品的高度同质化，严重的甚至会造成恶性竞争。以节目类型为例，近年各电视台推出众多的相亲类节目包括：《非诚勿扰》（江苏卫视）、《爱情来敲门》（山东卫视）、《我们约会吧》（湖南卫视）、《爱情连连看》（浙江卫视）、《百里挑一》（东方卫视）、《桃花朵朵开》（山西卫视）等。2010 年国家广电总局为此特别下发《关于进一步规范婚恋交友类电视节目的管理通知》，遏制某些泛滥、造假、低俗的节目倾向。必须看到的是，实施跟进战略并不是长治久安的法宝，贴身战术只能在一时一地奏效，因此企业从本质上依然要开拓创新，这样才能走出"抄袭"、"山寨"的怪圈。

2. 我们不为抄袭，而是超越

如果说抄袭的目的是为了接近原创，那么我们的临摹过程不仅仅是要"像"，更为了超越。日本松下刻录机曾有一句广告语"Not all video records are created equal."（刻录机并非生而平等），就是仿用美国独立宣言中的名句"All men are created equal."（人人生而平等），广告语把大家熟悉的名言巧妙地与商品特质结合起来,而不是照搬抄袭,起到了借力打力的巧妙效果。

3. 临摹要注意方法

"熟读唐诗三百首,不会吟诗也会吟。"学做广告的第一步是品评赏析广告(我们的生活中充满了各种广告),第二步是临摹广告作品(就像临帖、学习作文范文一样),之后才是广告作品的创作与广告执行。

临摹还要注意学习方法,韩愈语:"师其意,不思其辞。"临摹的不仅是作品本身,更重要的是,从作品中学习原创者的思路和方法,掌握产生创意的"金手指",这样才能起到举一反三、触类旁通的作用。

临摹在各个领域都有应用,从文化到商业、从产品设计到营销传播都有涉及,本章介绍的临摹创意分为三类,一是创意文案表现;二是视觉表现;三是营销和传播方式。

二、创意临摹练习

1. 文案练习:凡客体

凡客诚品是互联网的时尚品牌,产品种类以服装服饰为主。2010年,凡客邀请了韩寒、王珞丹等明星代言广告,并利用户外广告牌等方式重点投放广告。之后,豆瓣网友"文字积木公社"发起了"全民调戏凡客"的营销活动,以娱乐明星、影视角色等人物为话题。

图 凡客广告

韩寒：爱网络，爱自由，爱晚起，爱夜间大排档，爱赛车，也爱29块的T-SHIRT；我不是什么旗手，不是谁的代言，我是韩寒，我只代表我自己。我和你一样，我是凡客。

（网民原创）凹凸曼：爱和平，爱自由，爱正义，爱地球，打怪兽，爱人类，也爱250块印花迷彩超人装。不是什么潮流outman，我是奥特曼。我只是在拯救自己，拯救世界，我和你一样，我是凡客。

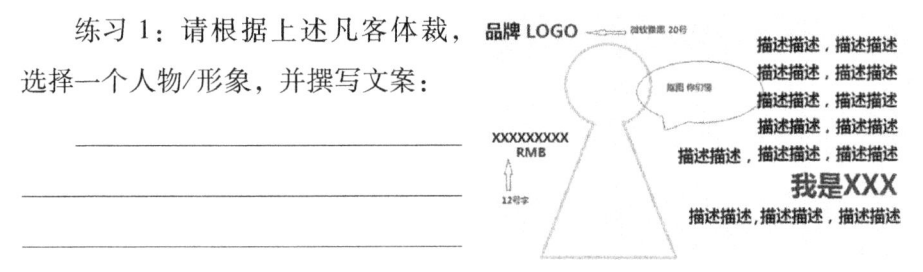

练习1：请根据上述凡客体裁，选择一个人物/形象，并撰写文案：

_____

_____

_____

2. 平面广告设计练习：隔音玻璃

这个系列广告的妙处在于，为了表现玻璃的隔音效果，主创人员把"听觉"转化成"视觉"，把"大"夸张地变成"小"——用视觉符号，设置各种生活场景，意为难以忍受的噪音变成了可以忽略的声音。

练习2：请完成下列系列广告中的第四幅作品（Weru牌隔音玻璃），绘制草图并写出创意阐述。

训练一　临摹创意——找到创意思维的轨迹

图　Weru 隔音玻璃广告（三幅系列）

创意阐述

_____

_____

_____

练习 3：和上一个系列广告一样，百事可乐推出的迷你罐装饮料的这一系列广告也延续了"大"与"小"的对比，表现这种小型罐装饮料的低热减肥性能。你认为这种"大"与"小"比较的方式还可以在其他哪些产品/服务中应用？

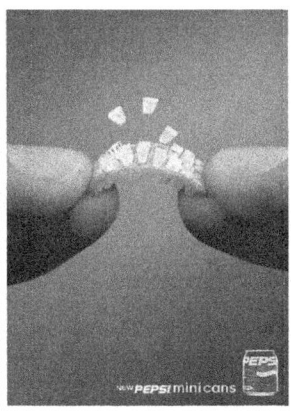

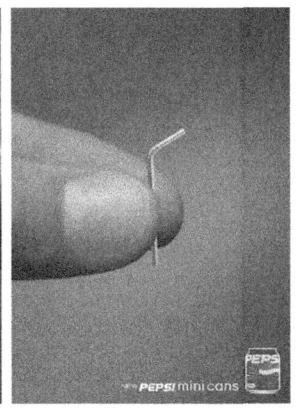

图　百事可乐迷你罐广告（三幅系列）

123

广告创意思维训练

要求：

请以小组为单位，进行头脑风暴，写出其他可以沿用这一"大"与"小"对比的创意思维的产品/服务，并选择其中一类，写出创意阐述，并绘制系列的草图（每组完成一份作业，可另附纸）。

如：如图所示，微型汽车（产品）——省油（特点）——小加油枪（表现）；

可以用在以下品类：

_____

_____

图　菲亚特汽车广告《超级省油》篇

创意阐述：

练习4：

作品：《怀孕的男人》

文案：Would you be more careful if it was you that got pregnant?

作者：萨奇兄弟（Saatchi & Saatchi）

要求：

①观察图中广告，分析作者的思路：

②延续这一创意思路，针对当下中国的年轻人，请你写一个关于男人怀孕的影视广告故事脚本。

图　怀孕的男人

（资料：台湾《做之前，想想先》影视广告三支）

3. 策略练习：白酒广告

练习5：白酒广告策略与创意

背景资料——厂家介绍

四川是中国白酒行业重地，产销量大约占中国白酒的40%，有五粮液、泸州老窖、剑南春、郎酒、全兴大曲、沱牌曲酒等众多白酒名牌。泸州酒业始于秦汉，兴于唐宋，盛于明清，是中国浓香型白酒的发源地。与之一脉相承的四川泸州老窖集团是享誉海内外的百年老字号名酒企业，拥有400多年酿酒历史是在明清36家古老酿酒作坊群的基础上发展起来的国有大型骨干酿酒集团。公司总资产近30亿元，生产建筑面积36万多平方米。

"泸州老窖酒传统酿制技艺"是川酒和我国浓香型白酒的唯一代表。泸州老窖特曲（大曲）是中国最古老的四大名酒之一，蝉联历届"中国名酒"称号，被誉为"浓香鼻祖"、"酒中泰斗"。自1915年在美国旧金山获巴拿马太平洋万国博览会金奖以来，屡获重大国际金牌17枚，1952年中国首届评酒会上被国家确定为浓香型白酒的典型代表，是唯一蝉联五届获得"中国名酒"的浓香型白酒。"泸州"牌注册商标是中国首届十大驰名商标之一，经国家权威无形资产评估机构认定，泸州老窖品牌价值高达102亿元。近年来，企业还先后荣获"全国质量效益型先进企业"、"中国企业最佳综合经济效益500强"等荣誉称号。

泸州老窖集团的窖池资源比较丰富，根据1997年的统计数据，该公司拥有4000余口窖池，其中，400年以上的窖池有4口，百年以上的窖池总共有1619口，拥有我国连续使用时间最长、保护最完整的老窖池群，1996年经国务院批准为全国重点文物保护单位，2006年5月入选首批"国家级非物质文化遗产名录"，成为行业中唯一拥有"双国宝"的企业，被誉为"中国第一窖"，其独一无二的社会、经济、历史、文化价值成为世界酿酒史上的奇迹。

产品介绍

泸州老窖为中国浓香型白酒的代表（白酒分为酱香型，如茅台酒、郎酒；浓香型，如泸州老窖、五粮液、古井贡酒、剑南春等；清香型，如杏花村汾酒、西凤酒、高粱酒等；米香型，如桂林三花酒；复香型，如董酒、白云边），酿造60度白酒，勾调工艺复杂，既要保持酒度，又要保证口感纯和，不辣口，不刺激。

作为高度的优质白酒，它口感更加纯和，饮用时能带来加倍的舒适度，它还能够加冰饮用。经全国白酒专家组评定，这种酒的特点是"无色透明、窖香优雅、绵甜爽净、柔和协调、尾净香长、风格典型"。

白酒品质受酿造工艺、原材料、产地、水质等影响。从选料上，大米、糯米、玉米、高粱、小麦等谷物都适合酿酒，其中高粱为最。泸州老窖这种白酒选用泸州特有的极品糯红高粱，基酒采自中国唯一的国宝窖池发酵，是浓香型白酒的鉴赏标准级酒品。

训练一 临摹创意——找到创意思维的轨迹

厂家希望能定位为高档白酒,市场价大约定为每瓶600～800元。(泸州老窖其他产品系列的市场价格大约40～400元/瓶)其竞争对手为茅台、五粮液、水井坊。

要求:

①请你为该白酒找到一个诉求点,要求切合产品定位。

②以这一诉求点为中心,请你拟定其广告表现形式(比如包装、品牌名、电视广告、公关活动等不同方式,如何围绕这一主题展开)。

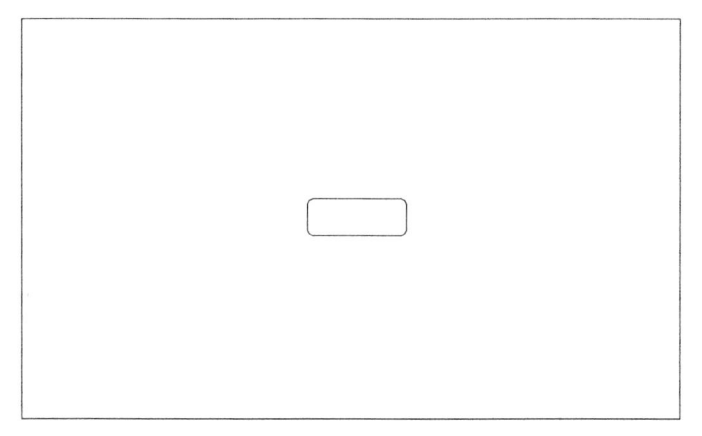

③假设上述广告是"国窖1573",试从广告分析原创人员的思路。

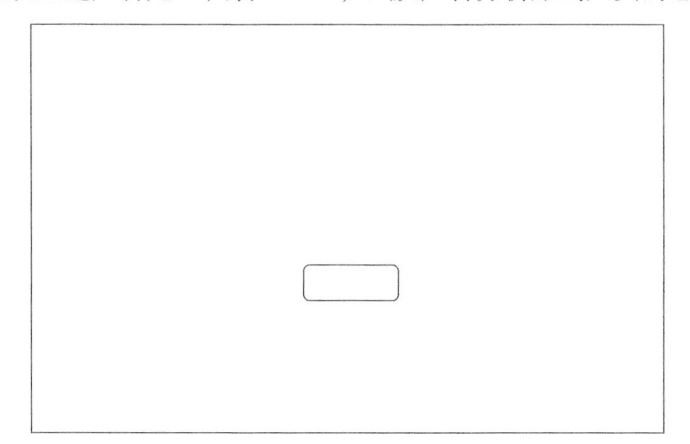

比较二者的思路,你认为有哪些不同?两者分别有哪些优势和不足?

三、本讲小结

临摹作为学习他人创意的过程，需要善于发现他人的长处，总结归纳，并转化为自身的营养；同时，在学习过程中，要找到不同点，以适应创意作品所应适用的不同环境和要求。

1. 发现他人的长处

我们要善于从他人的作品、案例中发现亮点，尤其是经典获奖作品，或许有的作品由于世易时移，不一定适合当下广告客户的需求，但我们要善于发现和总结，把别人的经验化为自身的营养。

此外，行业外的知识、体验，同样能为我们带来更多灵感，抽取其中的精髓，运用于广告行业中，如艺术作品、时尚潮流、科学知识、时政要闻、社会热点、童言童语、乡村俚语等等，都可以成为促发我们灵感的关键。

2. 找好自己的角度

在欣赏经典创意作品、借鉴前人创意思路的基础上，可以经常性尝试这样的练习：

他是怎么想的？

如果我来完成，可以怎么做？

如何针对当下的市场背景、消费者、媒介环境进行改变？

换种媒体？（如思路不变，但传统媒体→新媒体）

换个角度？（这个成功作品的思路能否用到另一个广告中？）

换一类诉求对象？（如，转向新的地区市场、更年轻的消费群体沟通）

换个品类？（广告定位不变，但转向其他的商品）

加个系列？（继续贯彻原先的思路，做成系列）

四、作业

请在网上搜索广告作品，找出在思路上接近的五对类似的广告创意作品，并列举这些广告的相似点和不同点。

（注：可以是不同类型广告之间，如"怀孕篇"中的平面广告和影视广告；不一定是广告表现上类似，如练习"小"中，广告表现完全可以不同；不必求证创意人员是否可以模仿/抄袭，只要找类似广告即可；系列广告作为一则广告）

> 别人看到已存在的事实，问为什么；我看到不存在的可能，问为什么不。
>
> ——毕加索

训练二　逆向思维
——推倒重来的思维方式

一、什么是逆向思维

1. 逆向思维的本质

逆向思维属于逻辑思维方式，但与先入为主的思想不同的是，这种思维方式要反其道而行之。

逆向思维具有批判性，而批判性思维由来已久，向上可以追溯到古希腊时期就开始形成的学术传统，从苏格拉底的回答法到笛卡尔的普遍怀疑论，1901年，约翰·戴维（John. Dewey）就提出了"反思性思维"（reflective thought）概念。[1] 从求异性来看，批判性思维和逆向思维在思维方式上有内在一致性。

事实上，在不同领域，对于这样的思维方式都有不同程度的涉及。在

---

[1] 欧阳利锋，《论译者的批判性思维》，2009.8期《外语与外语教学》，P50，转引自网站.

训练二 逆向思维——推倒重来的思维方式

脑科学家德·博诺提出的"六项思考帽"中,用"黑帽子"来代表完全不同的思路;辩证法中有矛盾对立统一的"同一性";哲学和艺术领域有建构与结构。朦胧诗人顾城的著名诗句:"黑夜给了我黑色的眼睛,我却用它寻找光明";在科学领域,诺贝尔奖被视为是科学研究的顶峰,而科学幽默杂志每年在哈佛大学举办的"搞笑诺贝尔奖"(the Ig Nobel Prizes),以其独特性同样吸引了公众的目光;电影《非诚勿扰 II》中的生前"葬礼"及离婚仪式,这些活动点子都是典型的"逆向思维"的表现。为彭丽媛设计制作服装的本土品牌的广州设计师马可,原创品牌名为"例外"、"无用",面向小众,其理念也是逆向思维,她解释说:"所有人都在追求有用,做个有用的人,做个有用的物件,买个有用的东西,是否有用甚至已成为我们做事的前提,但眼前的有用和未来的价值往往不同,我想做些眼前未必有用但以后会有价值的事,我想把人们眼中无用的东西变得有用,我想人们不再以是否有用作为取舍的原则。我喜欢无用,才能赋予它新的价值。价值从不在物件本身,而在使用的人。"2008 年马可在巴黎时装周展示时,她的作品主题是泥土,与现代文明对抗,之前的流行发布会都是模特在 T 形台上展示,观众端坐台下,而她的则更像展览,观众可在展台中穿行。特立独行的方式背后,惯用的是逆向思维方式。

正如艺术大师毕加索所说:"别人看到已存在的事实,问为什么;我看到不存在的可能,问为什么不。"这样的逆向思维习惯,帮助他总有新奇的艺术视角,完成有别于常人的作品。在广告行业,为追求广告的独创性,逆向思维往往能带来新奇的广告效果,尤其是在某一行业出现多数广告趋同的现象时,我们不妨尝试与传统相反的方向。但这一方式同样需要把握尺度,求异是手段,但不是目的,需要结合市场背景和广告的主要目的进行。

2. 逆向思维的优势和潜在问题

对于广告创意而言,毫无疑问,从逆向思维着眼的,由于追求与普通广告作品/活动不同,通常具备如下优点:

首先,能加深受众对广告的印象,有利于增强对广告信息的记忆;

其次，有可能形成新的判断标准，或价值取向，甚至因此产生新的市场空间；

第三，其反传统的一面，可能会对社会道德、习俗、审美等产生冲击，影响部分消费者的好感度。

但与此同时，由于广告创意可能会对主流的价值观、意识形态、社会习俗、产品/服务的判断标准、审美等方面具有挑战性，因此广告也潜藏着一定风险。

案例1："麦肯不招人"系列广告

图　麦肯光明公司招聘广告

2001年，麦肯光明广告公司在中国推出了面向业界招聘的一组平面广告《妖》、《魔》、《鬼》、《怪》篇，"麦肯不要人"，专要"特殊的不同凡响的人"，广告获奖的同时也招来一些不同的看法。广告文案如下：

《妖篇》：麦肯不要人，专要人妖！——"人妖"对应的岗位是高级主管和总经理秘书，麦肯希望他们"男男女女通吃，且不为阴柔所迷，不为阳刚所惑"；

《魔篇》：麦肯不要人，专要色魔！——麦肯希望设计人员对颜色具有出神入化的解读；

《鬼篇》：麦肯不要人，专要吝啬鬼！——麦肯希望公司的财务人员应该对金钱具有良好的"吝啬鬼"情结；

《怪篇》：麦肯不要人，专要丑八怪！——"丑八怪"对应的是媒介督导和媒介购买，希望他们"视野宽广、耳听八方、比别人通透，就是丑小鸭也能变成白天鹅"。

麦肯的另一个招聘广告中，画面中电脑器件杂乱堆积，一台破旧的复印机上有张单子写着："找不会 COPY 的 COPY，麦肯创意部。"这个广告的创意人员用 COPY 一词语义双关，既呼应画面中的打印机 copywriter，又指代招聘的创意文案人员 copywriter（简称 COPY），还有一个意味是指不会抄袭（COPY）别人创意的文案（COPY）。广告巧妙的创意构思获得了第 23 届时报广告金像奖企业形象项金奖。

二、课前练习

逆向思维离你我并不遥远——色彩的黑白明暗、音调的高低和节奏的快慢、质感的光滑与粗糙、分量的轻重等等。事物本身都具有两面性，我们轻易就能找到一系列丰富的对比。不同的是，这些语义上的反义词都只是一个个相反的"点"，还需要用逻辑思维把它们"串"起来，形成特定的一组含义。

1. 成语

请列举你能想到的与常规相反的运用逆向思维的成语或典故，比如大智若愚、大巧若拙，塞翁失马、焉知非福，难得糊涂……

此外，还有_____

2. 故事

在《田忌赛马》的故事中，田忌和齐威王赛马，军师孙膑调整了常规的策略，用下马对决齐威王的上等马，最终赢得比赛。

一个故事是，有位老人常常犯愁——她有两个儿子，老大卖雨伞，老二卖染布，天晴的时候，她总担心老大的雨伞不好卖；下雨的时候，她又担心老二的染布晾不干，天长日久，她心情一直不好。有人知道她这个心病，安慰她说，你换个角度看，天下雨的时候，老大的雨伞卖得好，天晴的时候，老二的染布晾得干，心情不就好了吗？

另一个故事是"如何向非洲人卖鞋"，两个鞋商一起去非洲考察，甲看到非洲土著都习惯赤脚，感到很沮丧，认为当地鞋业没有市场；乙同样看到当地人不穿鞋，但是却认为当地鞋业市场有巨大的潜力，两人得出了完全相反的结论。有趣的是，这个故事后来被延伸成为美国营销协会布鲁金斯的考题"如何把斧头卖给小布什"和中国学生的考题"如何把茶叶卖给奥巴马"。

请你回忆你所知道的小故事，说明逆向思维在其中的运用：_____

_____

3. 生活

案例2：长沙反正广告公司

这个平面广告系列是广告公司为自己所做的公司宣传广告，因为公司名为"反正"，因此广告用三件司空见惯的生活小事来表现人们对同一件事的不同看法，表明"反正怎么说都有理"。❶ 广告方案如下：

《狗屎运篇》：（反）出门就踩狗屎，真倒霉！（正）哇，狗屎运上门啦！

《看书睡觉篇》（反）看他，一看书就睡觉！（正）他连睡觉都在看书！

《胖子篇》：（反）再可爱也是个胖子！（正）胖胖的就是可爱！

事实上，这也是我们生活中的常态——我们有没有从不同甚至相反的角度来看待同一件事？

---

❶ 龚钰瑾，2012IAI广告作品年鉴［M］．北京：中国民族摄影艺术出版社，2012：391．

三、广告文案练习

TBWA（中文名李岱艾、腾迈）是闻名的创意型广告公司，公司中有一个练习叫"瓦解"，这种思维方式是让参与者瓦解事物传统的一面，而达到想象的画面，如汽车公司都只是吹嘘自己来销售汽车，那么这种方式就要求通过广告来传达"变化"这个概念从而瓦解这种传统思维。❶

逆向思维在很多经典广告案例中都有体现，如上世纪六十年代，DDB广告公司代理的德国大众甲壳虫汽车在美国的广告文案为"想想小的好（Think Small）"、"柠檬（Lemon）"❷（见图），苹果电脑广告语"非同凡响（Think Different）"等。

图　甲壳虫汽车广告
《柠檬》（左），《想想小的好》（右）

很多广告都在文案中运用逆向思维，如：

劲酒广告语：劲酒虽好，可不要贪杯哦！

某减肥茶广告语：不要太瘦哦！

左岸公社是北京的写字楼，其广告语："左岸公社，少数人的公社""左岸公社，不在这里""当世界向右的时候，向左——左岸公社"。

球星巴克利为耐克鞋所做的广告："这就是我的新鞋，鞋子不错，穿它不会让你变得像我一样富有，不会让你变得像我一样去争抢篮板球，更不会让你变得像我一样英俊潇洒，只会让你拥有一双和我一样的球鞋，仅

---

❶　［美］杰森·R. 瑞奇 著，头脑风暴［M］. 北京：金城出版社，2005：217.
❷　"柠檬（Lemon）"和李子（Plum）在美国俚语中，分别指代残次品和优等品。

此而已"。平实的语言，与同类广告的夸张形成反差，反而更容易让人记住并增加信任。

农夫山泉广告语：我们不生产水，我们只做大自然的搬运工。

请你再列举其他运用逆向思维的广告语＿＿＿＿＿＿＿＿＿＿＿＿＿
＿＿＿＿＿＿＿＿＿＿＿＿＿＿＿＿＿＿＿＿＿＿＿＿＿＿＿＿＿＿＿

四、逆向思维练习

1. 换一种风格？

在同一个品类的产品/品牌广告中，总有一些约定俗成的传播特性。需要注意的是，并不是所有这些规则都是合理的或者一成不变的，运用逆向思维方法，就是打破这些已有的规律，"颠倒黑白"，"无中生有"，重塑新的逻辑和规则，这样做的好处是，突出自身，更容易引发关注和提高记忆度。

案例3：金羚洗衣机广告（第九届中国广告节全场大奖）

广告代理公司：广州佳美广告

背景：洗衣机、日化洗涤用品广告诉求点一般都以"干净"为主，广告表现的风格也与此一致。但金羚洗衣机这一获奖广告系列却另辟蹊径，把我们能想到的家居生活中最脏的东西与衬衣联系起来。

除了广告中的扫把、簸箕、地垫，你认为生活中还有什么是最脏的？请延续这一广告思路，绘制第四幅广告的草图。

训练二　逆向思维——推倒重来的思维方式

图　金羚洗衣机广告《脏》系列

案例4：灭蟑药系列平面广告"不要让它们进驻"

图中，看似漂亮的壁纸、地毯、浴室的瓷砖图案，其实都是由大大小小的蟑螂组成的，广告选取家中最舒适的地点、最温馨的时刻，与让人恶心的蟑螂联系起来，由此形成反差。请你构思这个广告系列的第四幅作品，绘制草图，并写下创意阐述。

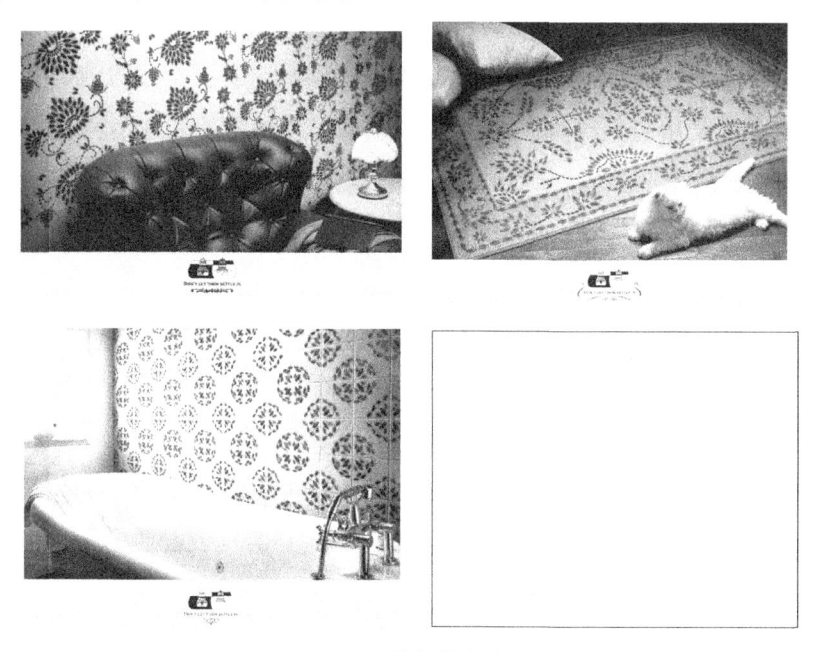

图　灭蟑螂药广告

137

案例 5：本田柴油发动机影视广告"Hate"篇

广告代理公司：威登·肯尼迪广告公司

背景：日本本田是全球知名的汽车制造公司，发动机是汽车最关键的核心部件，比起现行的汽油发动机，柴油发动机发热效率高 30%，更节省能耗，但由于噪音大，尾气排放颗粒大，因此一般常用于功率更大的载货车，载人汽车很少用到。Honda 研发的新型柴油发动机克服

图 本田柴油发动机广告

了这些缺陷，为新型环保节能汽车提供了更多的选择。广告没有直接表达"喜爱"，而是用"恨（hate）"开篇，歌曲简洁俏皮地表达由"恨"老式柴油机而"改变"，新型柴油机出场，于是世界变得更加美好。

案例 6：多芬"真正的美丽"广告战役

广告代理公司：奥美广告

什么是美丽的女人？美容、化妆品广告一定要由传统审美观中的美女来定义吗？多芬是联合利华旗下的女性日化品牌，自 2004 年起，多芬在全球发起了"真正的美丽"（Real beauty）广告战役。首先在全球不同国家地区进行调研，寻求当地女性对"美丽"的标准，然后根据不同市场，推出相应的活动。所有这些活动都告诉消费者，其实每个普通的女人都有自身的美丽之处，自信的女人更美丽。广告获得 2006 年艾菲奖金奖，广告片《蜕变》获 2007 年夏纳影视广告和网络类全场大奖。

我认为美丽的女人应该是这样的_____

我认为不美/丑陋的女人是这样的_____

训练二　逆向思维——推倒重来的思维方式

广告文案：（这是多芬官方网站的截图，既是广告，也是互动的调查）
What do you think? Click a choice to see your vote court – instantly.

☐ Ugly spots?　　☐ Beauty spots?　　（左上：图片是长着雀斑的女子）
☐ Wrinkled?　　　☐ Wonderful?　　　（右上：图片是长满皱纹的老太太）
☐ Oversized?　　　☐ Outstanding?　　（左下：图片是丰满的女子）
☐ Gray?　　　　　☐ gorgeous?　　　　（右下：图片是银发的老太太）

图　多芬系列广告

2. 换一种角色？

在一个方向难以自拔的时候，不妨换位思考下，比如，换个性别、换个主客等等。如万宝路香烟以牛仔形象代替了原先的女性香烟定位。

案例 7：丽珠得乐广告"其实男人更需要关怀"

胃病患者以男性为主，广告针对男性，将他们置身于"被关怀"的位置，更结合同期热映的电影《花样年华》，表现通过

139

男性角色一般能联想到哪些形容词____
多以男性代言的广告包括如下品类____
女性角色一般能联想到哪些形容词____
____
多以女性代言的广告包括如下品类____
____
请将你上面列举的两类性别中，分别选取男女代言的不同品类，并简要描述____
____

案例 8：问题：如何提高 Call Center 电话服务的客户满意度❶

图　丽珠得乐广告

思考方式：常规的思路是直线式的，但不容易得出全面的答案。假定自己是前来咨询的客户，一个不称职的服务人员，会有哪些地方让我不满？请写出来。显然，改进这些负面的服务方式，就会提高客户满意度。

① _____　② _____
③ _____　④ _____
⑤ _____　⑥ _____

案例 9：新加坡教会系列广告

背景：这一系列广告除了在报刊上投放外，其户外广告、电视广告也做得非常出色。广告让人深感上帝与我们同在，甚至还与时俱进！这副广告设计简洁，黑白底色辅之以白色文案，创意人的逆向思维使得广告具有戏剧性且值得回味。创意的不同之处在于，口吻完全模仿上帝，而不是普通人；这个无处不在的上帝并没有训诫你，而是幽默、睿智地和你在一起。

广告文案：尼采死了。　——上帝（Nietzsche is dead.　——God）

---

❶ 创意工具网站（英文）www.mindtools.com

3. 换一个方向？

你需要运用想象"假如……会……"，而假如的这个方向，与常规轨迹是相反的，比如下列广告中，有的置换了相反的时间轴，让人犹如时空穿越般；有的鼓吹让人"傻一点"，与多数人的取向判断相反；有的找到相反的定位，开拓新的市场。很多推理都是基于既定的条件，如果广告中推翻了这些假定的条件，换一个方向思考，那么结果也必然与众不同。

案例 10：SPUK 图库公司广告《见所未见》

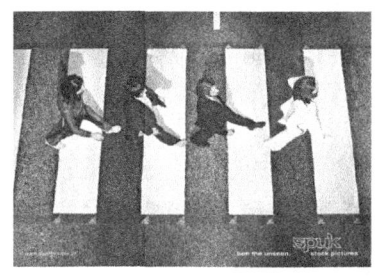

SPUK 是德国的商业图库公司，广告语为"见所未见（see the unseen）"。这个系列广告分别以知名的经典摄影作品为蓝本，但换了一个角度，如图所示，左图为原图片，披头士乐队的四名成员穿过北伦敦艾比路的斑马线时的照片，该图片被用作专辑《艾比路》（Abbey Road）的封面而闻名于世。右图是新的广告作品，它还原了当年的场景，但换了一个角度表现，更有意味。广告由德国 BBDO 广告公司创意完成，广告作品获得 2010 年戛纳广告节户外类铜奖。

案例 11：熊猫慢递公司

北京一家"熊猫慢递公司"引起了媒体的关注，与普通快递业务不同，"慢递公司"投递时间由寄信人自己决定，把信件或物品投递给未来的自己或其他人，这样的创意同样来自逆向思维。

案例 12：七喜（7-UP）饮料和五谷道场方便面

1968 年，美国七喜饮料上市时，还是一个名不见经传的品牌。为了追上竞争对手，七喜采取了类别定位策略，回避市场中的可口可乐和百事可乐，同时产品本身就不含咖啡因，因此以"七喜——不含咖啡因的非可乐"逆向定位，从而在"非可乐"碳酸饮料市场占领一席之地。

同样的策略，在五谷道场方便面的广告中也得到应用——"非油炸食品"的定位，宣传食品健康观念，同时把自身的产品特质与竞争对手之间迅速拉开差距。

案例 13：Diesel 牛仔服饰广告《傻点好》

Diesel 是创建于 1978 年的意大利服饰品牌，以牛仔服闻名，主要针对青少年，服饰以设计知名，而其广告则一向新奇大胆，甚至不惜引发话题。2010 年，Diesel 牛仔广告凭借"Be Stupid"（傻点好）系列广告获得戛纳广告节户外广告类的全场大奖，广告中运用捕捉到的一幅幅年轻人单纯、冲动、搞笑的场景，重新诠释了"傻瓜哲学"。

图 Diesel 牛仔服饰 Be Stupid 系列（户外广告）

4. 颠覆自己

案例 14：百事可乐"敢为中国红"广告战役

可口可乐与百事可乐是碳酸饮料的两大竞争对手，标志色分别为红色（可口可乐）和蓝色（百事可乐），其产品包装、平面广告、影视广告，消费者仅仅从色调上就很容易将两者区分开。可口可乐在中国市场以贴合中国人审美观的大红色渲染喜庆的氛围，百事可乐的蓝色则显得清爽宜人。此外，可口可乐以经典而著称，而百事可乐则更贴近年轻一代。

然而 2007 年，百事可乐在中国推出了"敢为中国红"的广告战役，有分析认为，这是百事可乐在 2008 年北京奥运会前进行预热，因为可口可乐是奥运会多年的全球合作伙伴，因而试图以此举抢夺可口可乐的市场份额。

你如何看待百事可乐颠覆自己的蓝色标志色，转而投向竞争对手的这一营销策略？

利：_____

弊：_____

四、本讲小结

1. 没有百分之百的逆向，只要尝试打开一个与传统相反的方面就可以，不要贪多；

2. 尝试的方向：换个风格？换个媒体？换个角度？换个位置等等；

3. 逆向思维同样需要有延续性，即立足于已有品牌认知的基础上，而不是将其作为全新的品牌进行规划或全盘颠覆；

4. 逆向思维最难的是尺度分寸的把握；

5. 逆向思维只是不一样的思考方式，但不涉及创意评估，即风险与机会同在，运用逆向思维做出的广告，不一定符合市场规律，还需要加以评估取舍；

6. 平时的练习可以从脑筋急转弯、童言童语、抬杠、接触不同人群等方法入手，多分析近年的整合营销案例，也要多接触现代艺术作品，分析作者的思路，从中找到灵感。

创意是旧元素的新组合。

——詹姆斯·韦伯·扬

训练三　加法思维
——1＋1＞2

一、"加法"做什么和怎么做

1. 加法是什么？

时尚界近年十分流行一个词汇——"混搭"（Mix and Match），是指将不同风格、不同材质、不同品牌和身价的东西按照个性化风格拼凑在一起。2009年春晚，以民族唱法闻名的宋祖英与流行歌手周杰伦同台演唱，两个在唱法、观众群几乎没有交集的歌手合作，却取得了极大成功。

在产品设计领域，将不同的设计元素或品牌重新组合，称之为"跨界"（Crossover）设计，每年CES国际消费电子展上，有各种新产品问世，其中不乏各种技术的"新组合"。就在我们身边，无数组合搭配形成新产品，如手机＋相机＝可拍照相机；手机＋mp3＝音乐手机；尼康相机＋GPS＝定位功能相机nGPS等，赢得了新的应用空间。

在市场营销领域，"跨界营销"将不同品牌直接进行叠加效应，如可口可乐在奥运会、世界杯期间与腾讯捆绑、新浪微博与必胜客在2011年发布的广告活动"换菜单"等。在销售领域,不同商品进行搭售的"捆绑销售",则很早以来就得以实施。在第一章中所介绍的"耐克 + iPod"和"耐克 + Fuelbrand"的案例获得戛纳创意奖。

上述不同领域的创意的成功,离不开"加法"思维,目的在于将两组不同概念(元素)进行组合,从而形成新的概念,即广告大师詹姆士·韦伯·扬在《产生创意的技巧》一书中提出的所谓"旧元素的新组合",这是广告创意中用到的基本创意方法之一。从这一点来讲,广告是在做"加法",巧合的是,香港音乐人、广告人黄霑,在其关于创意的一幅楹联的上联中提到"加减乘除转用时"❶,这里的"加"也是今天讲到的"加法"。

2. 加法怎么做?

詹姆斯·韦伯·扬展示了"新组合"的两个普遍原理:第一个普遍原理,一个创意就是一个新的组合;第二个普遍原理,只有具备认清事实之间关系的才能,方可提高创造新的组合的能力。因此,用加法做创意要有几个步骤:

第一,从若干因子中找到两个不同的事物;

第二,尝试把两个事物进行组合;

第三,组合中要注意让这样的加法有意义、有意思,而不是将两个事物漫无目的地盲目组合,或者为做加法而组合;

第四,要根据目的,用不同元素创造出所需要的特定意义和效果。

3. 练习:找找身边的"加法"

近年来网络恶搞事件频现。避开事件本身的意义和口碑营销手段不谈,如果仅就其思维方式而言,很多"作品"之所以能够产生娱乐的效果,除了网络推手和营销团队的运作外,更重要的是作品巧用"加法",

---

❶ 黄霑,上联:加减乘除转用时,下联:乐童胆练吸松夜,横批:每天想想它,详见第三讲。

网民自发地根据"模版"进行"再创造",把杜甫和其他形象进行文字和图形组合。这些作品经过病毒式传播及主流新闻媒体的放大,再次发酵。如"五道杠"少年黄艺博、"杜甫很忙"涂鸦作品等。

问题1:你还能想起多少种你见过的"不搭界"的组合?这种组合能表达什么新的含义?请举例并简单分析。

图 "杜甫很忙"恶搞图片

问题2:为什么同一个形象在经过不同的组合后会给人带来不同的感受?

二、加法思维练习

1. 创意练习:公益广告"中国动起来"

练习1:

(1)请以"中国"、"速度"为中心词,绘制两者的思维导图。

(2)请从你联想的这些元素中,选取两个进行组合,形成新元素,两个元素之间要有一定关联性,形成的新元素是有一定意味的整体。

训练三 加法思维——1+1＞2

案例1：（1）"中国动起来"公益广告《绣花鞋、功夫鞋篇》

（2）平面广告《看中国的速度》

2007年广州4A中国年轻人广告创意大赛平面类铜奖作品（广告代理公司：广东省广告有限公司）

图 公益广告《看中国的速度》

147

原创的"加法"思路是：_____

案例2："中国动起来"公益广告《笔画系列篇》

图　公益广告《中国动起来》

2007年广州4A中国年轻人广告创意大赛平面类铜奖作品（广告代理公司：广东黑马广告有限公司）

原创的"加法"思路是：_____

案例3："中国动起来"公益广告《跑道篇》

2007年广州4A中国年轻人广告创意大赛平面类银奖《跑道篇》（广告代理公司：厦门一泓企划设计有限公司）。

原创的"加法"思路是：_____

图　公益广告《中国动起来》

148

训练三　加法思维——1+1>2

案例4：影视广告 TOBE 汽车导航《纸卷篇》

2004年时报金犊奖全场大奖（30秒影视广告）

马路上，两卷卫生卷纸沿着地面滚动，留下两行纸仿佛白色安全线一般。

字幕：在路上，TOBE 提供一切的方便。

广告主：TOBE 汽车导航系统

图　TOBE 汽车导航广告

分析原创思路：_____

2. 创意作品分析

案例5：平面广告《随时随地的方便》

第二届全国大学生广告艺术大赛平面类三等奖

广告主：北京首汽租赁有限公司

获奖者：北京印刷学院学生设艺系李洋

这幅作品成功之处在于_____

不足之处在于_____

149

案例6：贝纳通广告《政敌接吻》

贝纳通是服装服饰品牌，广告一向以大胆著称。该广告选取了政界、宗教界最有名的政敌，包括韩国李明博亲吻朝鲜金正日，美国奥巴马亲吻委内瑞拉查韦斯，以色列总理内塔尼亚胡亲吻巴勒斯坦总统阿巴斯，德国女总理默克尔亲吻法国总统萨科奇等。公关以这些政敌间的亲吻，来传递贝纳通"UN-HATE运动"通过对话和对差别的

图　贝纳通广告系列

理解来消除文化对立的原则。该广告获得2012年戛纳广告平面类大奖。

请你找出几对对比人物并简述原因：＿＿＿＿＿＿＿＿＿＿＿＿＿＿＿

＿＿＿＿＿＿＿＿＿＿＿＿＿＿＿＿＿＿＿＿＿＿＿＿＿＿＿＿＿＿＿＿＿＿＿＿

3. 创意练习：《蒙娜丽莎的微笑》

名作常常被作为创意表现中的重新解构对象而加以调侃、比较或者证明，无论是艺术还是广告表现中都有应用。请在名作《蒙娜丽莎的微笑》这一旧元素的基础上，完成新的广告创意，并解释创意意图。

训练三　加法思维——1＋1＞2

上左一：达·芬奇的《蒙娜丽莎的微笑》（原版）

上左二：小胡子＋蒙娜丽莎（杜尚），强调她具有双重人格

上左三：达利＋蒙娜丽莎

下左一：憨豆❶＋蒙娜丽莎

下左二：乐高玩具版蒙娜丽莎

下左三：_____

练习3："杯子＋？"的创意：仿造左边的"杯子＋心"的创意，写出/画出另一"杯子＋？"的创意。

案例8：杯子＋心形

当水杯的水慢慢用尽时，心形慢慢露出。

图　马克杯设计

---

❶　杜尚——西方现代艺术代表人物，崇尚非理性主义；达利——超现实主义绘画大师；憨豆——英国电视剧《憨豆先生》的滑稽主人公，乐高——儿童拼插玩具品牌。

151

案例 9：杯子 + 儿童

这是一个公益广告，杯底写着一行小字：有水喝，他就会立刻改观。当杯中装满水时，由于水的折射，杯中的孩子图形会逐渐变胖。

案例 10：整形医院广告

广告用纸杯为载体，纸杯上有鼻子图形，在人们用纸杯盛水时，可很直观地感受到整容后的效果。

图　公益广告

图　整形医院广告

三、本讲小结

1. 两个：一般是两类要素的组合，最好不要多于两个；

2. 两个要素是两个"符号"，都有对应的约定俗成的理解，有代表性，容易产生对应的联想；

3. 有意义：两个"符号"进行"加法"后形成的新符号要有意义；

4. 有意思：两个"符号"进行"加法"后形成的新符号要有趣；

5. 有矛盾：在广告表现上，如果新的"符号"能形成一组矛盾，反差大，将更容易激发广告内在的戏剧效果；

6. 有独创：这种加法最好是前人很少做过的，或者容易忽视的，要有独创性。

人类失去了联想，世界将变得怎样？

——联想公司广告语

训练四　联想和想象
——最常用的创意思维

一、我们为什么会联想？

联想公司曾经有一句广告语流传了很久"人类失去了联想，世界将变得怎样？"在广告创意领域，如果创意人和受众缺少了联想，那么创意可能举步维艰，联想和想象无疑是最常用的广告创意思维。

联想是要在两个原本无关的事物之间建立某种联系，这与思维定势有关。所谓思维定势（Thinking Set）是由先前的活动而造成的一种对活动的特殊的心理准备状态，或活动的倾向性。在环境不变的条件下，定势使人能够应用已掌握的方法迅速解决问题。而在情境发生变化时，它则会妨碍人们采用新的方法。消极的思维定势是束缚创造性思维的枷锁，但思维定势的优点之一是能引起联想。例如，下图中，当读者按照 a—h 的顺序看图时，会看到一个男人的笑脸逐渐变成了侧坐的女子。

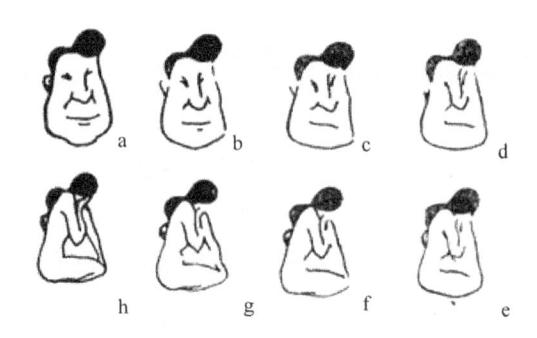

图 思维定势

二、对形状、意义和声音的联想

1. 形状联想

案例1：可口可乐瓶

图 不同时期的可口可乐瓶

传说制瓶工人罗特有一天看到女友穿着一件膝盖上部较窄的裙子，显得腰部线条十分优美，他由此产生灵感，经过半个多月的努力，制成外观新颖的新型瓶子，并在1923年把这项专利以600万美元的价格卖给可口可乐公司。至今，可口可乐瓶已经是可口可乐文化中不可缺少的组成部分。2008年奥运会

图 可口可乐瓶身设计网站

期间，可口可乐作为奥运赞助商，还将瓶身设计纳入其推广活动中，并在现场展示。我们不难看出这样的线索：

短裙——苗条——可乐瓶——可乐瓶文化

案例 2：劲霸男装 Logo 与电视广告

图　劲霸男装标识

劲霸男装创办于 1980 年，以男装生产尤其是男式夹克而闻名。1992 年注册使用劲霸商标，1997 年导入 CIS 识别体系，广告一直宣称劲霸男装是"入选巴黎卢浮宫的中国男装品牌"。2008 年 8 月 1 日，企业将沿袭已久的 logo 进行修改，广告语也更改为"王者归来·引领中国夹克走向世界"，并在北京奥运期间推出《夫妻篇》、《兄弟篇》、《父子篇》、《亲子篇》等电视广告。

案例 3：亨氏番茄酱

图　亨氏番茄酱广告

这是一个比较常规的广告作品，广告语"没有比亨氏更像番茄酱的了。"（No one grows ketchup like Heinz.）

155

练习3、把这些简单的符号添上几笔，变成任何物体，试试看？

这是BBDO广告公司为EPA设计与艺术学院所做的广告，鼓励人们在等餐、等车、上厕所等无聊时间进行小设计。广告曾获得2009年戛纳平面类金狮奖和One Show户外类铜铅笔奖。

广告语：你离创意还有多远？行动吧！（How far does your creativity go?）

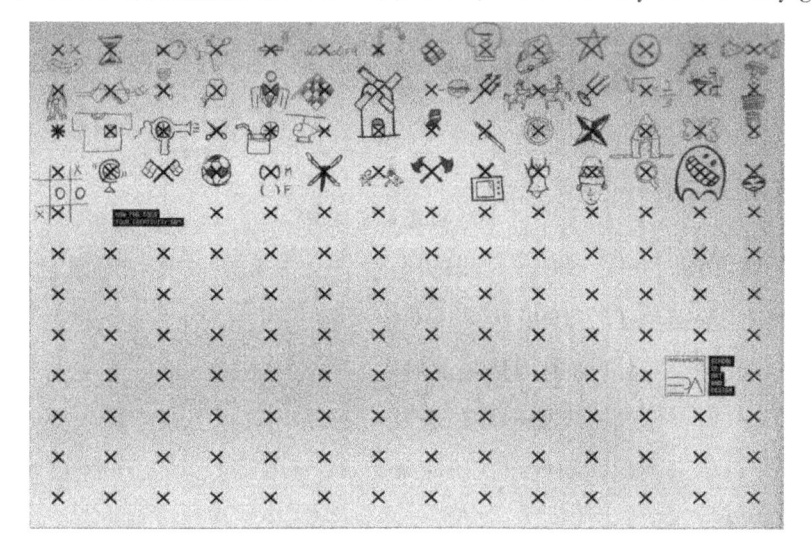

图　EPA设艺学院广告

案例4：乐高拼插积木

很简洁地把乐高拼插出的各种形状展示出来，表现出乐高有助于提高儿童的想象力。

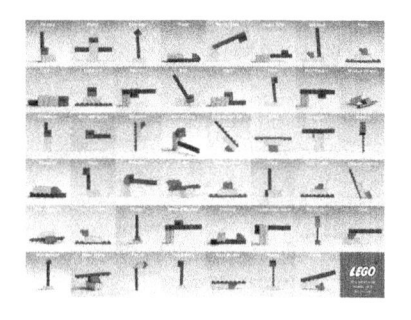

图　乐高玩具广告

训练四　联想和想象——最常用的创意思维

案例 5：公益广告《贪贿》

这个广告用的是汉字拆字法，红包的形状形似"囚"字，表明贪污受贿必被抓，起到警示作用。由于汉字形声字的特点，因此华文广告中很容易通过文字的组合，形成特殊含义的广告。

案例 6：防脱发广告

广告文案：脱发，必须及时制止。

图　公益广告《贪贿》

广告把"制止"和"脱发"两个概念形象得体地表现出来。

2. 意义联想

练习 4：以"安全"为题，进行概念联想

安全的物体，比如 安全帽、

与安全相关的概念，如踏实、

从上述联想出的各元素中，挑选出适合作为汽车广告的元素。

案例 7：汽车广告——怎么表达"安全"？

（1）沃尔沃汽车——安全别针
（2）沃尔沃汽车——核桃

157

图：沃尔沃汽车——安全别针　　　　图：沃尔沃汽车——核桃

两个经典的沃尔沃汽车平面广告，分别借助安全别针和坚固的双层核桃，解释"安全"的含义。安全别针借助了形状和概念，而核桃则通过。

文案：最安全的地方——Polo。（The safest place to be. Polo）

广告画面中，淘气的孩子打翻饮料，笔记本电脑；小猫偷走了鱼缸中的金鱼，爪印留在窗台边；男主人衬衫领口留下了红唇印——而他们都无一例外地选择了 Polo 汽车躲避即将到来的风暴，其安全可见一斑。用一个画面表现了充满戏剧性的故事，让人联想到汽车的安全性能。

图　大众 Polo 汽车：《最安全的地方》系列广告

案例8：邦迪创口贴广告

广告中，仿佛《格列佛游记》中的场景一般。这个"伤口"怎么理解？

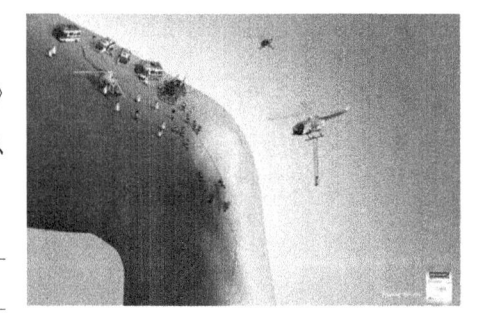

_____

_____

_____

图　邦迪创口贴广告

训练四　联想和想象——最常用的创意思维

《成长难免有创伤》系列广告创伤还可以如何理解？

_____

_____

而另一个经典广告则借用了朝韩会谈这个时事新闻，广告语"邦迪坚信，没有愈合不了的伤口。"

图　邦迪创口贴广告

那么，这个"创伤"怎么理解？

练习5、有的广告从汉字的音、形出发，达到广告目的，如"爱情·婚姻·家庭"主题公益广告中"凄"与"二妻"，又如保护环境公益广告的"木—林—森"等。请你也用"拆字法"，

图　邦迪创口贴广告

从汉字特点出发，找到能有一定意义的汉字，广告主题自定。

_____

_____

练习6：广告文案练习

请在不改变原创思路的基础上，进行联想，延续下列句式。

金钱不是万能的——

金钱可以用来买房子，但是不能买一个家；

金钱可以用来买床，但是不能买睡眠；

金钱可以用来买时钟，但是不能买时间；

金钱可以用来买书，但是不能买知识；

金钱可以用来买职位，但是不能买尊敬；

金钱可以用来买药，但是不能买健康；

金钱可以用来买血,但是不能买回生命;

金钱可以用来买性行为,但是不能买真爱。

金钱可以用来买_____,但是不能买_____。

……

3. 声音的联想

汉字的形声字特点,使各种创意在声音的联想上更富于表现性。

白沙烟"鹤舞白沙,我心飞翔",选择代言人刘翔;百年润发,选择代言人周润发;雪碧"亮晶晶",选择代言人郭晶晶,请再举例_____

Coca-cola饮料在上世纪20年代刚进入中国时名为"蝌蚪啃蜡",销售不佳,后来向社会悬赏征集新名,才有了现在的名字"可口可乐"。请再举例_____

Mercedes Benz汽车在中国内地根据"Benz"发音译作"奔驰",在香港称为"平治",在台湾称为"宾士",还被称为"朋驰",请问你分别能从这四个名中能联想到什么?

图 思密达止泻药广告

案例9:思密达止泻药广告❶

思密达是治疗急慢性腹泻的非处方药,广告用约会情侣间等待对方如

---

❶ 广告文案创意:罗易成(阿三)

训练四 联想和想象——最常用的创意思维

厕的小尴尬，表现产品功能。广告语"想牵她的小手，先等她解大手"，"想和他邂逅，先等他泄后"，用汉语谐音产生联想，隐晦又不失幽默。

练习7：近几年，由于部分菜价上涨，新闻中屡屡出现"豆你玩"、"姜你军"、"蒜你狠"、"向钱葱"等名词走红网络，如果下一件涨价的是萝卜、小白菜、韭菜，请给他们起个新奇有趣的名字，成为网络热词。针对这一现象，请为图中广告配上文案：❶

糖：_____；玉米_____；辣椒_____；菜_____；苹_____；油：_____；棉：_____；煤：_____；药_____；茶_____。

图 E版三字经·物价篇

练习8：听一段录音，进行联想，用5分钟时间，写出一个片段或故事。

_____
_____。

（注：广告为本田思域汽车广告《合唱》的背景声）

---

❶ 龚钰瑾，2012IAI广告作品年鉴［M］. 北京：中国民族摄影艺术出版社，2012：142.

4. 情节联想

情节联想是利用受众已有的知识/故事，通过简短的提示或回顾，让受众置入特定情节或环境中，扩展时空的维度，使情节更丰富。

案例10：商场穹顶广告《爱丽丝漫游奇境记》

情境互动广告，是媒体创意型广告，这类广告往往通过与广告受众共同构建广告环境，而形成一个完整的广告创意。

案例11："缅甸之笔"广告活动

广告产生于2010年缅甸选举，但这次选举几乎没有任何意义，因为超过2100位政治犯仍被囚禁。人权组织规划了"缅甸之光计划"，将一个巨大的装置模型放置在纽约中央车站，模型包含上百个小格，用铅笔当监狱栏杆。行人可以把铅笔拿下，象征释放犯人，然后拿笔到指定地点签下请愿书。活动共收集了来自86个国家数以千计的签名和引发了全球媒体的关注，请愿书被寄往联合国以及各国领导人手中，请他们密切关注缅甸局势。此广告获2011戛纳广告直销类金奖。

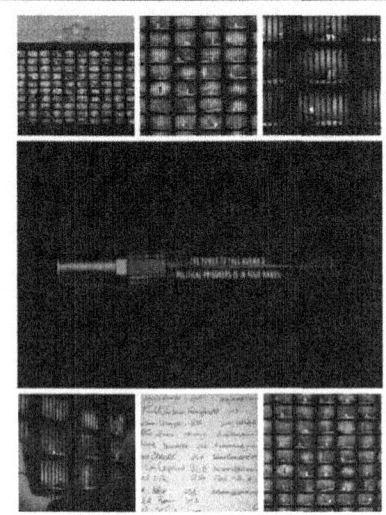

图　"缅甸之笔"广告活动

三、联想和想象的练习

1. 自由联想

由一个主题，进行多种联想。

训练四　联想和想象——最常用的创意思维

练习9：你会由蛇联想到什么具体的物体/形象？

1) _____医院_____，原因是《圣经》故事中的蛇杖，医院标志_____；

2) _____，原因是_____；

3) _____，原因是_____；

4) _____，原因是_____；

5) _____，原因是_____；

6) _____，原因是_____；

2. 定向联想

定向联想是将两个不相干的主题，通过不同的联想方式，确定二者的关联。

练习10：请参考"绝对伏特加"（Absolute Vodka）的背景介绍和已有的创意作品，在伏特加酒瓶和关键词之间进行定向联想，写出创意阐述，并附草图。

绝对伏特加是产于瑞典的伏特加酒，广告代理公司为TBWA。广告自1979年进入美国市场，并在全球推广。所有平面广告都有伏特加酒瓶的影子，广告语则是"绝对XX"，以此为模版创作了六百多个风格各异的广告，主题包括绝对的产品、绝对的物品、绝对的城市、绝对的艺术、绝对的口味等十多个类别。

图　绝对伏特加广告

163

1）夏天

_____

_____

_____

2）忙碌

_____

_____

_____

3）中国

_____

_____

_____

_____

3. 强制联想

将两个毫无关系的事物强制性建立关联。

练习11：从下列表格中，随意找到行、列对应的促发词，进行练习，如：随意指定2B与0H，进行"水"和"性别"之间的联想，矿泉水能否按照性别进行定位？[1]

	A	B	C	D	E	F	G	H	I
1	骨架	房间	脚踏车	烘箱	滤纸	盔甲	庙	武器	打字机
2	山谷	水	空气	地球	电线	包	烟	快乐	图书馆
3	迷宫	祭坛	钻石	圣经	液体	马	映像	金属	显微镜

---

[1] 王传友，王国洪. 创新思维与创新技法［M］. 人民交通出版社，2006：49.

续表

	A	B	C	D	E	F	G	H	I
4	隧道	儿童	气球	酒店	窝	手册	火柴	步枪	变形虫
5	数学	监狱	卫星	军队	树荫	鸦片	破布	图书馆	游泳池
6	菜单	药丸	酱	池塘	螺钉	港口	房子	水管	香水
7	胡椒	索引	植物	音乐	牛奶	被子	面具	疹子	象形字
8	彩虹	厨房	沙子	邮票	器官	汽笛	脊椎	影集	闪电
9	绳索	风筝	盘子	泵	皮肤	星球	路	种子	动物园
0	流星	粪	天平	船	雷达	区域	锁	性别	降落伞

四、本讲小结

1. 联想和想象可以从形状、声音、意义三个方面进行；

2. 可以借助思维导图进行发散思考；

3. 练习时，可以按自由联想、定向联想和强制联想，循序渐进地进行练习，也可以在小组间以游戏的方式进行；

4. 联想与想象从来没有唯一的答案，但从来都受制于若干条件，因此在前期的创意发想中，不要浅尝辄止，可观的数量是高质量作品产生的前提。

5. 联想与加法在思维方式上有类似的地方，加法更强调旧元素的新组合，联想则是直接由此及彼，练习时可以交叉进行。

6. 对于广告而言，联想更多地是把所有感官感受都转化为视觉感受和听觉感受，而且以视觉感受为主（形状，色彩，构图等），这是一个挑战。

训练五　发散思维
——最富挑战性的思维方式

一、什么是发散思维

美国心理学家吉尔·福特（J. P. Guilford）在 1967 年提出"智力三维结构"模型，他认为，人类智力应该由三个维度的多种因素组成，第一维是指智力的内容，包括图形、符号、语义和行为等四种；第二维是指智力的操作，包括认知、记忆、发散思维、聚合思维和评价等五种；第三维是指智力的产物，包括单元、类别、关系、系统、转化和蕴涵等六种。创造性思维的核心就是上述三维结构中处于第二维度的"发散思维"。他和他的助手托伦斯等人着重对发散思维作了较深入的分析，并在此基础上提出了关于发散思维的四个主要特征：[1]

流畅性（fluency）：在短时间内能连续地表达出的观念和设想的数量；

灵活性（flexibility）：能从不同角度、不同方向灵活地思考问题；

独创性（originality）：具有与众不同的想法和独出心裁的解决问题思路；

图　智力三维结构模型

---

[1] 摘自互联网：百度百科 www.baidu.com

训练五 发散思维——最富挑战性的思维方式

精致性（elaboration）：能想象与描述事物或事件的具体细节。

吉尔·福特认为，这就是创造性思维的主要特征，并研究出了一整套测量这些特征的具体方法。他们把这种理论应用于教育实践，围绕上述指标来培养发散思维，使发散思维的培养成为可操作的教学程序。尽管把创造性思维等同于发散思维是一种简单化的理解，但是对于创造性思维的研究与应用来说，毕竟是起了不小的推动作用。

吉尔·福特把发散思维与创造性思维等量齐观，与逻辑思维对立。由于对思维形式分类的不统一，目前并没有对"发散思维"统一而权威的定义。在对这一领域的介绍中，有几个概念是接近的：发散思维、横向思维、侧向思维，共同点是多角度地看待问题，而不是常见的逻辑推理方式。在本讲中所涉及的发散思维是对一般意义而言，是指人的思维不是沿着一个方向单向展开，而是不受限制地向四面八方任意展开的一种思维方式。发散思维与收敛思维相对应，是非逻辑思维的一种。从其归属来看，发散性思维是创造性思维的组成部分之一。

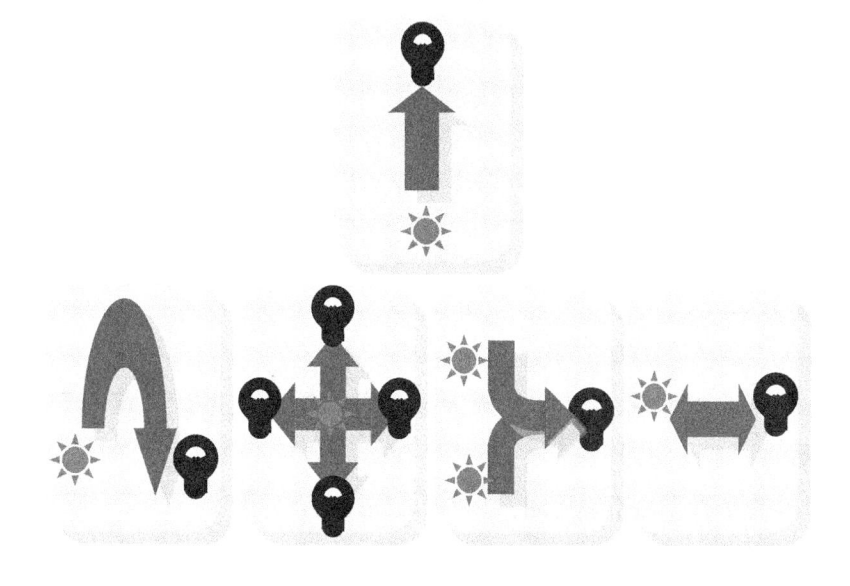

图 几种不同的创意思维方式（逆向，发散，加法，联想）

横向思维，又称"侧向思维"，是指突破问题的结构范围，从其他领域的事物、事实中得到启示而产生新设想的思维方式，它不一定是有顺序的，同时也不能预测。与横向思维对应的是纵向思维，又称"垂直思维"，是指在一种结构范围内，按照有顺序的、可预测的、程式化的方向进行的思维形式，它是符合事物发展方向和人类认识习惯的思维方式，遵循由低到高、由浅到深、由始到终等线索，因而清晰明了，合乎逻辑和既定规律，是日常生活和学习中最常用的思维方式。

大脑思维专家爱德华·波诺最早提出横向思维，他认为侧向思维改变了解决问题的一般思路，将封闭式思考方式变为开放式，试图从别的方面、方向入手，其思维广度大大增加，有可能从其他领域中得到解决问题的启示，因此在创造活动中往往能另辟蹊径。训练横向思维能力，可以尝试脑筋急转弯、和孩子对话等方式帮助训练。

二、课前热身：脑筋急转弯及笑话

1. 周瑜、诸葛亮、张飞的妈妈都姓什么？

答案：周瑜妈妈姓既（纪），诸葛亮妈妈姓何，张飞妈妈姓吴，因为"既生瑜，何生亮"，"无事（吴氏）生非"。

2. 骑白马的不一定是王子，可能是唐僧；带翅膀的不一定是天使，可能是鸟人。

3. 大象和蚂蚁的故事

一只蚂蚁在路上看见一头大象，蚂蚁钻进土里，只有一只腿露在外面。

小兔子看见后不解地问："为什么把腿露在外面？"

蚂蚁说："嘘！别出声，看我绊他一跤！"

4. 麦兜"鱼丸粗面"对白——摘自《麦兜故事》

麦兜：麻烦你，鱼丸粗面

训练五　发散思维——最富挑战性的思维方式

校长：没有粗面

麦兜：是吗？来碗鱼丸河粉吧

校长：没有鱼丸

麦兜：是吗？那牛肚粗面吧

校长：没有粗面

麦兜：那要鱼丸油面吧

校长：没有鱼丸

麦兜：怎么什么都没有啊？那要墨鱼丸粗面吧

校长：没有粗面

麦兜：又卖完了？麻烦你来碗鱼丸米线

校长：没有鱼丸

旁：麦兜啊，他们的鱼丸跟粗面卖光了，就是所有跟鱼丸和粗面的配搭都没了

麦兜：哦~~！没有那些搭配啊……麻烦你只要鱼丸

校长：没有鱼丸

麦兜：那粗面呢？

校长：没有粗面

几乎所有的笑话都源于非逻辑的组合，戏剧的根本就在于矛盾，从上面的相声段子、网上留言、电影片段不难看出我们之所以觉得可笑，也是由于有悖于我们的既往经验。横向思维，正是打破了既有经验，把原有的似是而非或完全不相干的事物建立新的联系。

在文学作品中，这种发散思维往往能取得意想不到的效果。在互联网这个倡导民主、分享的平台上，每个人都可以作为信息制造者和传播者，无形中促成了大批各式风格的作品和拥趸，在这样的媒介环境中，新生事物要想博得关注，比以往任何时代都更需要求新求变。从《大话西游》中的无厘头，根据电影《无极》改编的恶搞网络视频《一个馒头引发的血案》在全国走红，到怀旧作品《老男孩》，根据中学英语教材改编的《李

雷和韩梅梅的故事》,"犀利哥"图片走红,"贾君鹏你妈喊你回家吃饭"……近年网络热点明显有别于传统媒体,作为新兴信息平台,互联网络更需要各种非常规、发散型的思维方式,需要我们有更多打破常规的智慧和勇气。

三、案例分析

1. 新东方广告系列

图　新东方系列广告

广告用中国书法的方式,表达"Excuse me"、"Can I help you""Do you know"等内容,非常形象地把"中式英语"的感觉用文字表现出来。

2. "穿越式"广告

所谓"穿越",往往是将不同时空的人物和情节编织到一起,从电影《大话西游》、《神话》、电视剧《寻秦记》、《步步惊心》,及台湾导演赖声川话剧《暗恋桃花源》,都沿着这样的方式进行创意。以下广告也是采用了这种打乱时空的方式。

案例：健力士（Guiness）啤酒电视广告《退化篇》（！noitulovE）

这个影视广告连标题都是颠倒的（evolution 原意是进化，但这里反过来写），故事表现了伦敦的一家小酒吧，三个痛饮健力士啤酒的男人，穿越回远古时代的故事，用到的是逆向思维。广告语"好东西值得等待（Good things come to those who wait）"。请仿造这个故事，把故事搬回中国，完成影视广告的故事脚本。

_____

_____

_____

3. 讨论"幸福"的思维方式

"你幸福吗？"是 2012 年中央电视台在《走基层百姓心声》中推出的特别调查节目。与本课程有关、也更有意味的不在于问题本身，而是受访者和研究者对这个问题回应中的思维方式。从下述有代表性的回答中，我们可以从一个侧面看到不同思维方式的展现。

一位清徐县北营村务工人员："我姓曾"

莫言：我不知道，我从来不考虑这个问题。

"我现在压力很大，忧虑重重，能幸福么？"莫言说，"我要说不幸福，那也太装了吧。刚得诺贝尔奖能说不幸福吗？"❶

易中天：幸福和你有关系吗？❷

毕淑敏：批央视"你幸福吗"太鲁莽，幸福没那么简单。

已故诗人海子，曾在《面朝大海，春暖花开》一诗中这样写道：

从明天起，做一个幸福的人，喂马、劈柴，周游世界；

从明天起，关心粮食和蔬菜，

---

❶ 人民网：http://culture.people.com.cn/n/2012/1016/c87423-19272634.htm
❷ 凤凰网：http://culture.ifeng.com/1/detail_2012_12/24/20460749_0.shtm

我有一所房子，面朝大海，春暖花开。

从明天起，和每一个亲人通信，告诉他们我的幸福。

那幸福的闪电告诉我的，我将告诉每一个人。

给每一条河每一座山取一个温暖的名字，

陌生人，我也为你祝福，

愿你有一个灿烂的前程，愿你有情人终成眷属，愿你在尘世获得幸福，

我只愿面朝大海，春暖花开。

林语堂：幸福一是睡在自家的床上；二是吃父母做的饭菜；三是听爱人给你说情话；四是跟孩子做游戏。

美国的经济学家 P. 萨缪尔森提出了一个幸福方程式：效用/欲望＝幸福指数。

世界价值调查组织（WVS）的研究表明，虽然物质富足是决定幸福感的重要因素，但单纯的富裕并不能保证主观幸福感受，这意味着人均 GDP 增长和国民幸福感之间还有距离……当 GDP 增长到一定程度，受边际效应影响，与幸福感的相关度会越来越低。

问题：

（1）上述这些观点的思维方式是怎样的？

___

___

（2）请用发散思维方式，给出你对这个问题的答案

___

___

四、练习

1. 有关"对战"的 100 个故事

关公战秦琼是穿越式的决斗故事，很多广告用"情理之中、意料之

外"博人注意,实际就是用发散思维达到意料之外的效果,引发关注、兴趣和记忆。

案例1:Levis 牛仔裤影视广告(1997年戛纳广告影视类金奖)

字幕提示:1873年,小石城,Diesel 历史性的一刻

美国西部小石城的早晨,一个年轻英俊的牛仔穿好牛仔服与妻子告别,彬彬有礼地对待沿途的每个人;与此同时,粗鲁、丑陋、跛着脚的匪徒也走出旅店房间,蛮横地对待身边的每个人。两人在街上相遇,匪徒拔枪就射,牛仔还不及拔枪就应声而倒。

字幕:为了成功的生活。(For successful living.)

案例2:阿迪达斯广告:阿里 VS. 阿里

广告客户是阿迪达斯,拳王阿里的女儿莱拉·阿里也是职业拳击手,广告用电脑技术,复原了一场不可能的比赛:年轻的阿里对战他的女儿,广告语:没有不可能(Nothing is Impossible)。

这个故事有如美国版的"关公战秦琼",表面上看,故事很荒诞,但通过这个荒诞的情节,却传递出常态下难以体会到的深刻的品牌主题:没有不可能。

案例3:Koft 啤酒影视广告

美国西部小镇,被通缉的匪首进入酒吧,人们纷纷逃离。匪徒把帽子挂在门口,开心地找老板要了 Koft 啤酒。一个没有看到这一幕的矮个子顾客,却因为帽子原因而被在店门口伏击的人误伤。

仿造上述几个与"决斗"相关的影视广告,进行发散思维,另写一个"决斗"内容的小故事。

---

2. 衍生产品/服务开发——"谁动了我的奶酪"

有关畅销书《谁动了我的奶酪》:

《谁动了我的奶酪?》（Who Moved My Cheese?）是中信出版社 2010 年引进的一本畅销书，本书生动地阐述了"变是唯一的不变"这一生活真谛，作者斯宾塞·约翰逊博士是美国知名的思想先锋和畅销书作家，此外，他还是一位医生、心理问题专家，是将深刻问题简单化的高手。在他清晰洞彻当代大众心理后，在该书中制造了一面社会普遍需要的镜子——怎样处理和面对信息时代的变化和危机。这本书全球销量超过 2600 万册，连续 78 周蝉联亚马逊书店畅销书榜首，简体中文版 16 开本，4 万字，发行 200 多万册。

请以畅销书《谁动了我的奶酪》为核心，绘制思维导图，设计出与之相关的任何内容（比如衍生产品、培训、竞赛活动等均可，如有实体产品，最好画出草图）。

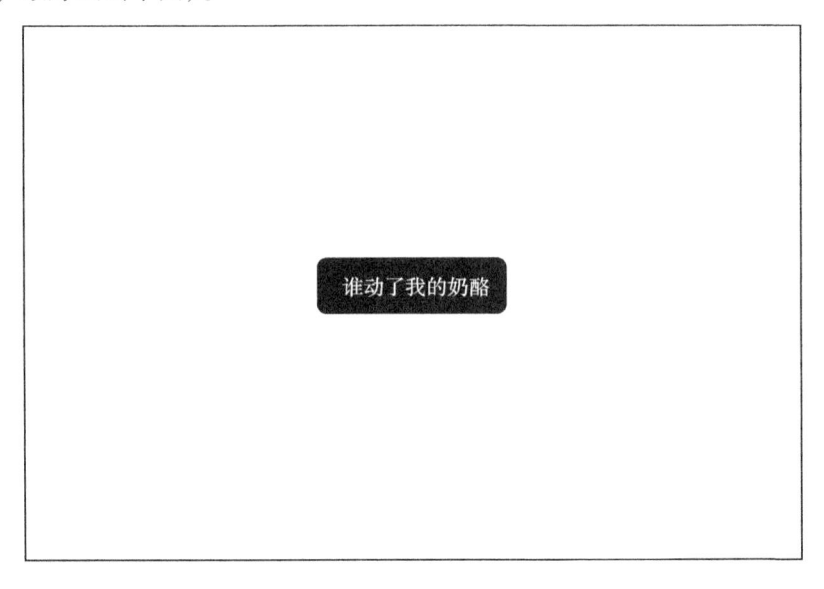

3. 毕业活动中的创意

大众传媒不止是创意的唯一平台，处处是创意之地。活动中的创意，重在娱乐性和互动性，不仅在现场能产生轰动效果，而且可以以此为原点，利用多种媒体制造相应的公关话题，产生单一宣传达不到的效果。

如何让毕业留下更难忘的回忆？牛津大学的学生毕业时会相约在泰晤

士河"跳河",明尼苏达大学毕业生会把旧鞋扔在校内大桥边的树上"挂靴"。近年媒体报道,国内出现了人大女生留下"露腿"毕业合影、清华男生裸跑庆毕业、北航毕业生床单展等自发的毕业纪念活动。

请写出你的创意方案,设想如何用富有创意、积极向上的活动或行为方式为你毕业时留下值得回忆的一幕。

_____
_____
_____
_____
_____

五、本讲小结

发散性思维不按常理出牌,另辟蹊径,用发散性思维完成广告创意,优势和风险共存,需要注意的地方是:

1. 记忆深刻,广告痕迹不明显而不容易遭到消费者/受众的反感;

2. 发散性是外在,而重点更在于是否真的符合消费需求,否则只会变成大众娱乐而缺乏商业目标;

3. 对于商业活动而言,公关性质比广告性质更显著,因此关注度虽高,无效关注(非目标消费者)也很多;

4. 发散性思维的缺点是,对广告而言,其发展方向不确定,全程发展难于把控;

5. 容易误导消费者/受众,不容易找到与原生产品的关联。

训练六 创意中的逻辑
——戴着枷锁跳舞

钱学森院士有关思维科学的思想和论述收编在《关于思维科学》一书中，1984年，全国首次思维科学学术讨论会上，钱学森做了题为"开展思维科学的研究"的长篇学术报告。钱学森认为，创造性思维是形象思维与抽象思维的综合运用，形象思维侧重于从宏观上进行定性研究，抽象思维侧重于从微观上进行定量研究，只有将二者结合起来才能实现创造性思维。创造性思维是智慧的源泉。❶

一、课堂游戏：连词成句

把参与者分成三组，第一组写下姓名，第二组写下地点，第三组写下事项，然后随机组合，往往能起到不可思议的效果。

思考：为什么没有经过逻辑安排的句式会产生这样戏剧性的效果？

二、逻辑思维和创造性思维的比较❷

什么是逻辑？逻辑是思维的规律，逻辑学的创始人是古希腊哲学家亚

---

❶ 郭京龙. 中国思维科学研究报告. 中国社会出版社，原文引自钱学森：谈谈思维科学，科学探索，1985（1）.

❷ 王岳森，李晖军，创造学教程［M］. 西南交通大学出版社，2004：80.

训练六 创意中的逻辑——戴着枷锁跳舞

里士多德,逻辑学是研究思维规律的学科。

很多书中都把逻辑思维和创造性思维简单对立,这并不合理。在文化创意领域,通常都需要两个方面的结合,广告前期的调查、广告策略的产生非常倚重逻辑思维,即使是单纯的广告创作,也同样离不开逻辑思维。

非逻辑的思维包括发散思维与聚合思维,灵感思维与直觉思维,联想思维与想象思维,求同思维与求异思维,纵向思维与横向思维,正向思维与逆向思维,仿生思维与类移思维等。科学发现的思维方法包括观察、实验、比较、分类、类比、模拟和模型、假说、归纳、探求因果等。❶

1. 区别与联系

	比较的项目	逻辑思维	创造性思维
区别	其它称谓	纵向思维,线性思维,垂直思考,聚合性思维,理性思维	横向思维,发散思维,非逻辑思维,感性思维
	思维基础方面	主要依据现成的知识和经验	从猜想、想象出发,没有固定的模式,依赖知识,但追求创新
	左右脑分工	左脑为主	右脑为主
	思维形式方面	形式逻辑(如演绎推理、归纳推理、类比推理)、辨证逻辑	联想、直觉、灵感
	思维路线方面	从概念出发,经过分析、比较、判断、推理,得出结论。只要前提正确,推理无误,一般能得出正确且唯一的结论。	没有固定的程序,基本形式是直觉、联想、灵感。
	思维结果方面	一般都在现有知识和经验范围内,用非逻辑思维观点看,往往过于古板、循规蹈矩、缺乏新意。	思维结果一般不是唯一的,其中有的正确、有的不正确,用逻辑思维观点来看往往显得"证据不足"、"不合情理"、甚至"荒唐"。
联系	一般来讲,创造性活动是逻辑思维与非逻辑思维共同作用的结果: 1. 逻辑思维依赖现有知识,但当现有知识积累到一定程度,就会导致与原有逻辑的矛盾,解决这些矛盾需要创造性思维。 2. 非逻辑思维一旦突破原有逻辑,必然在更高层次上上升为新的逻辑思维。 3. 科学实践中,往往借助于非逻辑思维提出假设,而后借助逻辑思维进行严密论证(大胆假设,小心求证)。如飞机上天前,一些科学家在逻辑上论证上不了天;真的上天了,转而论证上天后的可靠性。		

---

❶ 李淑文. 创新思维方法论 [M]. 北京:中国传媒大学出版社,2006.

你的观点及对上述描述的评论？

_____

_____

2. 逻辑思维的分类

逻辑思维按形式划分有不同类别，通常分为辩证逻辑和形式逻辑（传统逻辑）。

辩证逻辑的思维方法，分为归纳和演绎、分析与综合、抽象与具体、逻辑与历史等；

形式逻辑又称为传统逻辑，其思维方法包括概念、判断和演绎推理。

1）概念逻辑、形式逻辑和辩证逻辑。

2）推理思维、归纳和演绎、类比思维、因果思维、分析与综合等。

如果就本课程而言，我们仍将更多注意力集中于形式逻辑。

案例1：一段QQ群的聊天记录实录（＊为注解）

学校新进一年轻教师，校长语重心长地对他说：考100分的学生你要对他好，以后他会成为科学家；考80分的学生你要对他好，他可能和你做同事；考试不及格的学生你要对他好，以后他会捐钱给学校的；考试作弊的你也要对他好，他将来会成你的上司的；中途退学的同学，你也要对他好，他会成为比尔盖茨或乔布斯。

甲：就是对谁都要好~ （＊归纳）

乙：那我是哪一类呢？（＊演绎）

丙：谁说满分就当科学家？现在满分的都当金融家！（＊逆向）

案例2：逻辑中的"错觉"——逻辑谬论

根据英国国王查理三世战败的故事而编撰、流传至今的一首小诗这样写道：

失了一颗马蹄钉，丢了一个马蹄铁；

丢了一个马蹄铁，折了一匹战马；

折了一匹战马，损了一位国王；

损了一位国王，输了一场战争；

输了一场战争，亡了一个帝国。

无独有偶，有人根据《水浒传》的情节，也曾在网上发表这样调侃：

潘金莲撑开窗户，撑窗户的棍子掉下去了，于是西门庆看到了，于是他们相遇了。

1. 如果潘金莲同学当时没有开窗，那么她就不会遇到西门庆。

2. 如果没有遇到西门庆，那么她就不会被迫出轨，那样武松哥哥就不会怒发冲冠为红颜，这样他就不会奔上梁山。

3. 如果武松不奔上梁山，哪怕水泊梁山107将依旧轰轰烈烈，但是宋江和方腊的战役，方腊也不会被武松单臂擒住。

4. 只要武松治不了方腊，枭雄方腊就能取得大宋的江山。

5. 只要方腊取得了大宋的江山，就不会有靖康耻，不会有偏安一隅，不会有金兵入关。

6. 金兵不入关，就不会有后来的大清朝。

7. 没有大清朝，当然也不会有后来的闭关锁国，没有慈禧太后。

8. 没有慈禧太后，没有闭关锁国，自然也不会有八国联军侵略中国啊，不会有神马鸦片战争啊。

9. 没有这些杀千刀的战争和不平等条约，中国说不定凭借五千年的文化首先就发展资本主义了。

10. 发展了资本主义，发展到今天，说不定中国早就超过了美国、小日本神马的，赶超了几百年了，已经是最发达的最强悍的国家了。

11. 所以，谁穿越一下告诉潘金莲，小潘，你有事没事开神马窗户啊！请分析两个故事的逻辑漏洞在哪里？

案例3：逻辑中的"死循环"

如果你能证明自己发疯，那就说明你没疯。——小说《第二十二条军规》，作者：约瑟夫·赫勒。

"第一，老婆永远都是对的；第二，如果老婆错了，请参照第一条。"——网络

请分析上述句式为何会陷入死循环＿＿＿＿＿＿＿＿＿＿＿＿

三、练习：推理和归纳

法国，白色，足球，军队，夏天，和尚，书，星空，热，爱情，沮丧，长寿，狄更斯，"非典"，家庭，圆，反馈，股票，英语，父子，园丁，冷静，毛巾，零食，懒惰。

1. 推理：请将这些词汇按照一定逻辑关系进行连接，可以重复，但要避免出现死循环。

例如：法国—英语—狄更斯—书—爱情—家庭……

2. 归纳：将这些词汇进行组合，分类标准自行拟定。

例如：生活用品类：毛巾、书、零食。

四、练习：广告如何进行说服

广告的目的和本质是说服，每年的5月31日是"无烟日"，通过大量广告活动劝导烟民戒烟。请通过下列戒烟广告的广告表现分析内在的逻辑

训练六 创意中的逻辑——戴着枷锁跳舞

关系。

1. 子弹

文案：Smoking Kills.（吸烟就是谋杀）

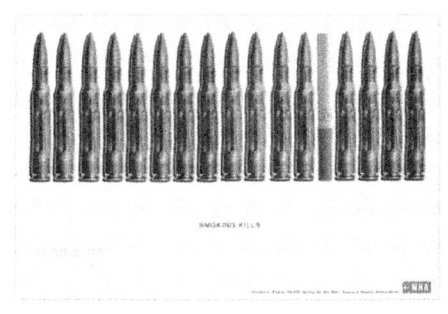

广告的逻辑：<u>香烟＝子弹，子弹结束生命，珍惜生命，所以请勿吸烟</u>

香烟如同致命的子弹一样，不仅在外观上有相似性，在本质上更有相似性。不同的是，武器的致命残忍血腥为人所共识，但香烟的致命却更有隐蔽性。两者放在一起，既是一组同类的比喻，又是一组矛盾的对比，更有警醒的意义。

2. 子弹

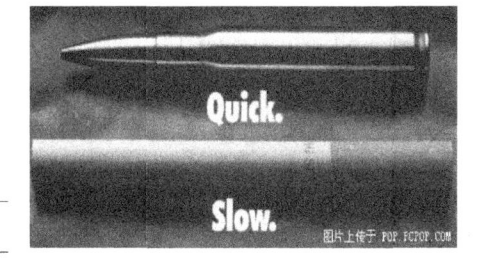

文案：Quick. Slow.

广告的逻辑：_____

_____

3. 烟灰缸（系广告实物，不是平面广告）

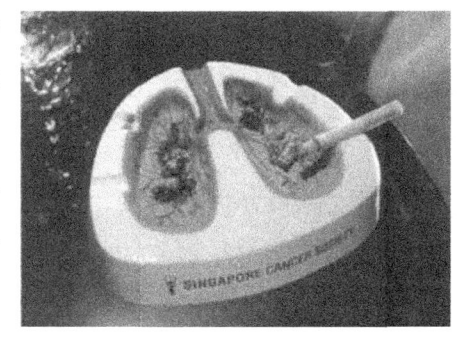

文案：Singapore Cancer Society（新加坡癌症协会。注：系烟灰缸上的文字）

广告的逻辑：_____

_____

4. 家（系列广告）

文案：Your body is your home. Don't smoke.

（你的身体就像你的家，请勿吸烟。）

广告的逻辑：_____

_____

_____

5. 美好生活（系列广告）

文案：With cigarettes, your life comes with ash. （吸烟让你的生命灰飞湮灭。）

广告的逻辑：_____

_____

_____

6. 红唇

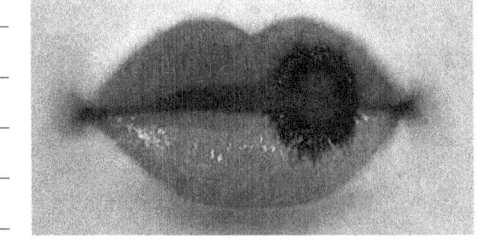

广告的逻辑：_____

_____

_____

_____

7. 葬礼（穹顶广告❶）

广告的逻辑：_____

_____

_____

_____

_____

8. 尸体

成人脚趾上的标签写有"Smoker"

广告的逻辑：_____

_____

_____

_____

9. 烟灰

文案：Smokers make poor swimmers.（吸烟者制造的游泳者更少）❷

广告的逻辑：_____

_____

_____

_____

_____

---

❶ 穹顶广告：出现在建筑物天花板。本广告生动再现的是葬礼现场，每个室内的人，都宛如从墓坑内观察正在墓坑外正在参加自己葬礼的亲友。

❷ Smokers make poor swimmers.：这里的 swimmer 是指（吸烟者）的精子。

183

10. 燃烧的肺

_____
_____
_____
_____
_____

11. 儿童

_____
_____
_____
_____
_____
_____
_____

12. 包装设计

_____
_____
_____
_____

13. 户外路牌灯箱

灯箱中的绞刑架,是用香烟组成。

_____
_____
_____
_____
_____

14. 手枪

_____
_____
_____
_____
_____

15. 死亡现场

在餐厅布置的"死亡现场",证据是尸体粉笔轮廓边的几个烟头。

_____
_____
_____
_____

总结:

以上系列广告中,请按照广告的目的作用分类,设想你是吸烟者,你最受触动、最能说服你戒烟的广告是哪个?最不能打动你的是哪个?为什么?

归纳上述戒烟广告，用到的思维方式包括如下：

思路一：（按广告目的划分）香烟带来哪些恶果？肺癌、死亡、丑陋、不利于家人健康、不利于优生优育、生活不幸福……

思路二：（按思维方式划分）香烟——联想——逆向

思路三：（香烟消费者吸烟的目的）美丽——（恐吓：黄牙，衰老，不美丽……）

快乐——（感动，恐吓：个人快乐vs家庭幸福，自己健康，他人健康）

有面子——（嘲弄：滑稽）

思路四：（不同的思维工具）香烟——A 形状联想——①死亡——香烟——子弹，手枪，绞刑架，骷髅

烟盒——棺材

烟雾——塑料袋窒息

——②丑陋——红唇，黄牙

——③阳痿——火柴灰烬

——B 形状联想——黑肺——肮脏（烟灰盒，脏屋子）

——C 概念联想——①死亡——尸体，葬礼现场，燃烧生命，死亡现场

——②万宝路——（代言人）西部牛仔

——D 逆向——有香烟，无快乐

你认为其中哪个方向是最能说服中国年轻的男性烟民？＿＿＿＿＿＿

五、作业

1. 我们见过很多缺乏逻辑的广告,比如罗纳尔多代言"金嗓子喉宝",虽然通过广告投放带来一定关注,但留给公众和消费者的印象却是不知所云。请列举你认为缺乏逻辑关系的影视广告作品,并说明原因。

_____

_____

_____

2. 横向思维与纵向思维的结合

按照逻辑思维,下列寓言、故事、法则并不符合常理。请你尝试新的手段和方法,为其找到合理的营销机会或另类合理注解。

	逻辑思维	创造性思维
1	买椟还珠	另类注解:说明包装的重要性。 营销机会:制造"天价月饼",包装成本远远高于月饼本身的使用价值
2	把梳子卖给和尚	另类注解: 营销机会:
3	愚公移山	另类注解: 营销机会:
4	朝三暮四❶	另类注解: 营销机会:

---

❶ 朝三暮四:故事源于《庄子·齐物论》,有一年碰上粮食欠收,养猴人狙公对猴子说:"现在粮食不够了,必须节约点吃。每天早晨吃三颗橡子,晚上吃四颗,怎么样?"这群猴子听了非常生气,吵吵嚷嚷说:"太少了!怎么早晨吃的还没晚上多?"狙公连忙说:"那么每天早晨吃四颗,晚上吃三颗,怎么样?"这群猴子听了都高兴起来,觉得早晨吃的比晚上多了,自己已经胜利了。

其实橡子的总数没有变,只是分配方式有所变化,猴子们就转怒为喜。那些追求名和实的理论家,总是试图区分事物的不同性质,而不知道事物本身就有同一性。最后不免像猴子一样,被朝三暮四和朝四暮三所蒙蔽。

续表

	逻辑思维	创造性思维
5	自相矛盾	另类注解： 营销机会：
6	八二法则❶	另类注解： 营销机会：例如营销理论中的"长尾理论"，利基市场，窄告（与广告相对）……说明，随着新技术的发展成熟，原先不受重视的非主流产品可以找到对应的消费者，而原本被过多关注的主流市场或主流渠道，或将被分流。

---

❶ 八二法则：一般理论是"二八法则"，即 80% 的收入来源于 20% 的客户，也即占多数的人群只能造成少许的影响，而占少数人却造成主要的、重大的影响。在消费领域，是熟知的定律之一。